Antoinette Borri

Schritte aus der Depression

HERDER spektrum

Band 5586

Das Buch

Der Weg aus der Depression – es gibt ihn. Die 46 kurzen Kapitel dieses Buches zeigen, wie es gehen kann: Schritt für Schritt lässt sich den negativen Denkmustern, die so typisch sind für die Depression, auf die Spur kommen: behutsam, nah am Leben und mit Hilfe von weisheitlichen Geschichten aus aller Welt zeigt die erfahrene Psychiaterin und Psychotherapeutin, wie bestimmte Lebenshaltungen überwunden und neues Zutrauen in die eigenen Kräfte gewonnen werden kann. Denn diese Kräfte gibt es: Jeder trägt die Fähigkeit in sich, durch sein Denken das eigene Befinden nachhaltig positiv zu verändern. Trauer kann in heilsame Wut verwandelt werden, Resignation in die Motivation zum Handeln. Voraussetzung ist ein offener Blick auf die eigenen Denkgewohnheiten sowie auf die Funktionsweise und innere Logik der Depression. Woche für Woche, in einem individuell angemessenen Tempo und ohne Leistungsdruck kann sich so ein verändertes, wohltuendes Denken entwickeln: der Weg aus der Depression.

Die Autorin

Dr. med. Antoinette Borri, Fachärztin für Psychiatrie und Psychotherapie, ist in Binningen bei Basel in eigener Praxis tätig.

Antoinette Borri

Schritte aus der Depression

Anleitung zur Selbsthilfe

HERDER

FREIBURG · BASEL · WIEN

Originalausgabe

4. Auflage 2009

www.herder.de

Umschlagkonzeption und -gestaltung:
R·M·E München / Roland Eschlbeck, Liana Tuchel
Umschlagmotiv: © zefa

Herstellung: fgb · freiburger graphische betriebe
www.fgb.de

Gedruckt auf umweltfreundlichem, chlorfrei gebleichtem Papier
Printed in Germany

ISBN 978-3-451-05586-7

Meiner tapferen Freundin Isabelle Brosi

Wenn die Bäume verhangen sind

Ich stehe in dem Parke stumm
Erschreckt und aller Worte bar
Und schaue mich nach Bäumen um
Und nehme graue Flächen wahr.

Der Duft des Lebens ist verweht
Betrübt und düster ist mein Sinn
Dass alles, ach so schnell vergeht
Lust und Liebe sind dahin.

Vom Glanz der Sonne keine Spur
Mit Leichentüchern grau und schwer
Verhangen ist mir die Natur
Nicht einmal trauern kann ich mehr.

Gedicht eines depressiven Patienten anlässlich der
Christo-Ausstellung, Fondation Beyeler, Riehen, Dezember 1998

Inhalt

1.

Anstelle eines Vorwortes

Sie haben dieses Buch gekauft. Der Preis war im Rahmen. Nicht allzu teuer – der finanzielle Schaden, wenn es nichts wert sein sollte, wäre zu verkraften.

Nun muss ich Sie warnen: Wenn Sie es ernst meinen, wenn Sie den Entschluss gefasst haben, wirklich auf Ihre Depressionen zu verzichten, koste es, was es wolle, dann sollten Sie wissen: Es kostet Sie sehr viel.

Seelische Gesundheit und Zufriedenheit stellen sich selten ganz von selbst ein – in aller Regel sind sie mit „innerer Arbeit“ verbunden, die durchaus anstrengend ist. Aber das hört auch später wieder auf.

Was dieses Buch angeht, so habe ich mich bemüht, so verständlich und einfach zu schreiben, dass Sie sich möglicherweise fragen werden: „Kann das alles stimmen? – Wohl kaum, denn, wenn es so einfach wäre, gäbe es doch keine Depressionen mehr!“

Aber:
Eine Theorie braucht nicht unverständlich zu sein, um wahr zu sein.

Tatsächlich ist die Theorie einfach zu verstehen – sie umzusetzen hat mit der eben erwähnten „inneren Arbeit“ zu tun.

Darum verlieren Sie nicht den Mut, wenn Sie zwei Schritte vorwärts und einen zurück machen. Ärgern Sie sich nicht: Jeder Mensch macht Fehler, das gehört zum Menschsein. Ziehen Sie nicht die Siebenmeilenstiefel an, Sie werden stolpern.

Also:
Gehen Sie mit kleinen Schritten, einen Fuß vor den andern.

So empfiehlt sich, die Kapitel nacheinander zu lesen und höchstens ein Kapitel pro Woche zu bearbeiten. So bleibt Ihnen ausreichend Zeit, das Gelesene aufzunehmen und zu üben.

Denken Sie nach, seien Sie kritisch und misstrauisch. Versuchen Sie ehrlich zu sein auch mit sich selbst. Das ist schwierig und gelingt nicht immer. Lassen Sie sich deshalb nicht entmutigen. Und vor allem: **Lassen Sie sich Zeit!**

Kaufen Sie sich ein Arbeitsheft, ein gewöhnliches Schulheft genügt.

Außerdem brauchen Sie gelbe Notizblockzettel zum Aufkleben (Post-it®).

Und nun packen wir's an!

Aber, so werden Sie nun einwenden, Menschen sind doch verschieden. Wie kann denn eine und dieselbe Theorie oder Lehre für so viele verschiedene Individuen mit so vielen verschiedenen Erfahrungen und Nöten erfolgreich sein?

Ja, jeder Mensch ist einmalig. Aber jeder Mensch ist menschlich und jeder Mensch denkt und reagiert menschlich. Nur deshalb ist die Psychologie auch möglich und eine Wissenschaft.

2.

Die Funktion des Psychiaters

Der Psychiater hat Antworten auf Ihre Fragen.
Ihr Psychiater sollte jemand sein, dem Sie vertrauen können. Sie können ihm alles erzählen.
Der Psychiater unterliegt der Schweigepflicht.
Er bespricht mit Ihnen die auftauchenden Probleme.
Er hilft über tote Punkte hinweg.
Er bemerkt einerseits Ihre Fortschritte und andererseits auch die Zeiten, zu denen es Ihnen weniger gut geht, und er ermutigt Sie.
Er verschreibt Ihnen Medikamente, falls Sie solche benötigen.
Er klärt Sie über deren Wirkung und eventuell auftretenden Nebenwirkungen auf.
Er hilft Ihnen, Ihre Probleme selber zu lösen.
Der Psychiater ist Ihr Partner, solange Sie ihn nötig haben.

Es bleibt letztlich Ihnen überlassen zu entscheiden, ob Sie einen Psychiater aufsuchen wollen oder ob Ihnen dieses Buch genügt. Wenn Sie jedoch das Gefühl haben, die Vergangenheit sei grau, die Zukunft schwarz und das Leben eine nicht enden wollende Qual, sodass Sie sich nur noch den Tod herbeiwünschen, oder wenn Sie von einer ständigen, undefinierbaren Angst umgetrieben werden, die bis zu Verzweiflung und Todesgedanken führt, sollten Sie sich professionelle Hilfe suchen: Konsultieren Sie einen Psychiater oder einen psychiatrischen Notfalldienst.

3.

Habe ich eine Depression?

Wie kann man eine Depression erkennen?

Oftmals kamen Patienten von sich aus oder weil sie mir überwiesen wurden, die glaubten, sie seien depressiv. Manchmal waren sie tatsächlich krank, aber körperlich. Oder die Diagnose „Depression“ stimmte nicht; sie hatten zum Beispiel eine so genannte Angstneurose oder sie hatten einen Verlust erlebt und waren einfach traurig u. a. m.

Ob Sie tatsächlich an einer Depression leiden, können Sie selbst herausfinden. Beantworten Sie den nachfolgenden Fragebogen. Nehmen Sie sich Zeit, Sie brauchen nicht alle Fragen auf einmal zu beantworten.

A:	Ja	Nein
1. Kommen in Ihrer Familie Depressionen vor? (Depressionen sind häufiger bei Frauen als bei Männern.)	☒	❑
2. Liegen in Ihrer Familie andere psychische Störungen vor?	❑	❑

Gesamt der Ja-Antworten A

B:	Ja	Nein
3. Sind Sie antriebslos und haben zu nichts Lust?	☒	☐
4. Meiden Sie Ihre Mitmenschen und bleiben zu Hause?	☒	☐
5. Haben Sie Mühe, morgens aufzustehen?	☒	☐
6. Geht es Ihnen abends besser?	☐	☒
7. Leiden Sie an Schlafstörungen?	☒	☐
8. Haben Sie in letzter Zeit an Körpergewicht zugenommen?	☐	☒
9. Oder haben Sie abgenommen?	☒	☐

Gesamt der Ja-Antworten B

C:	Ja	Nein
10. Gefallen Ihnen das Bild und das Gedicht auf Seite 7? Erkennen Sie sich darin wieder?	☒	☐
11. Können Sie sich nicht mehr freuen?	☒	☐
12. Verspüren Sie ein Gefühl der Hoffnungslosigkeit?	☒	☐
13. Haben Sie das Gefühl, für alles verantwortlich zu sein und es nicht mehr schaffen zu können?	☒	☐
14. Sind Sie ängstlich geworden oder haben Sie regelrecht Angst?	☒	☐
15. Haben Sie Mühe, sich zu entscheiden?	☒	☐
16. Sitzen Sie oft einfach nur da und grübeln?	☒	☐
17. Weinen Sie häufiger?	☒	☐
18. Oder können Sie vor Traurigkeit nicht mehr weinen?	☐	☒

19.	Fühlen Sie sich innerlich leer?	☒	☐
20.	Haben Sie das Gefühl, Sie seien früher ein ganz anderer Mensch gewesen?	☒	☐

Gesamt der Ja-Antworten C

	D:	Ja	Nein
21.	Leiden Sie unter unklaren körperlichen Beschwerden?	☐	☒
22.	Haben Sie Magen-, Bauchschmerzen, Krämpfe, Blähungen, Verstopfung oder Durchfall?	☐	☒
23.	Haben Sie Muskelschmerzen, Rückenprobleme, Kribbeln in Beinen oder Armen?	☒	☐
24.	Haben Sie einen erhöhten oder zu niedrigen Blutdruck?	☐	☒
5.	Haben Sie manchmal Herzrasen, Herzklopfen, Extrasystolen (Herzschläge außerhalb des regulären Grundrhythmus)?	☐	☒
26.	Leiden Sie unter Kopfschmerzen, Spannungsgefühlen im Kopf?	☒	☐
27.	Leiden Sie unter Konzentrationsschwierigkeiten?	☒	☐
28.	Haben Sie Asthma-Anfälle?	☐	☒
29.	Haben Sie ein beengendes Gefühl in der Brust?	☐	☒
30.	Müssen Sie manchmal ganz schnell atmen, nach Luft schnappen, „hyperventilieren“?	☐	☒

31.	Können Sie manchmal, besonders nachts, nicht ruhig liegen? Müssen Sie die Beine bewegen („Restless-Legs-Syndrom“)?	☒	☐
32.	Haben Sie Hautausschläge (Ekzeme)?	☐	☒
33.	Haben Sie Schmerzen beim Wasserlassen?	☐	☒

Gesamt der Ja-Antworten D

Auswertung Ihrer Antworten:

A: Auch wenn Sie unter A zweimal mit Ja geantwortet haben, heißt das noch gar nichts (wir werden darauf zurückkommen).

B: Diese Fragen werden von depressiven Patienten meist positiv beantwortet, vor allem Nr. 3–7. Allerdings kann man sich auch vor oder nach einer Krankheit so fühlen oder nach einem Schicksalsschlag, etwa dem Verlust eines Angehörigen. Es muss sich dabei nicht zwingend um eine Depression handeln.

C: Von diesen Fragen werden Sie mindestens fünf mit Ja beantwortet haben, wenn Sie eine Depression haben.

D: Diese Beschwerden sind häufig bei Depressionen vorhanden. Aber auch ohne positive Antworten in diesem Block ist es sehr wohl möglich, dass Sie körperlich krank sind. Wenden Sie sich umgehend an Ihren Hausarzt, um die Beschwerden abzuklären. Wenn es Ihnen anhand des Fragebogens leichter fällt, zu erklären, was Ihnen fehlt, nehmen Sie ihn zu Ihrem Arztbesuch mit.

4.

Freude und Leid

Sie wissen jetzt, dass Sie an einer Depression leiden. Also nehmen wir das vierte Kapitel in Angriff. Es handelt von Freud und Leid.

Ich erzähle Ihnen eine Begebenheit aus meiner Praxis:

In meine Praxis kam ein älterer Herr, pensioniert und Witwer. Er hatte eine neue Lebensaufgabe gefunden: Zusammen mit seinem Zwillingsbruder, ebenfalls verwitwet, arbeitete er für eine Stiftung, die in Afrika ein Krankenhaus aufgebaut hatte. Deshalb flog er oft allein oder mit seinem Bruder dorthin. Beide Brüder waren ungemein beliebt und geachtet bei den Einheimischen. Mein Patient war sehr erschüttert von der Not, die dort herrschte. Während seines letzten Aufenthaltes sprach er darüber mit einem befreundeten schwarzen Mitarbeiter: „Seit ich dieses Elend hier sehe, die Krankheiten, den Hunger, kann ich selbst nichts mehr essen und habe auch in Europa keinen Appetit mehr. Mich plagt das Gewissen wegen der Menschen, die hier hungern müssen." Darauf sei sein Kollege ganz erregt aufgesprungen und habe ihn wütend angeschrieen: „Hör auf mit dem Geschwätz! Dein Mitleid und Mithungern hilft niemandem hier. Dadurch kriegen wir auch nicht mehr zu essen. Du hilfst uns nur, indem du uns Mut gibst zum Kämpfen und Überleben. Wie soll das möglich sein, wenn du selbst am Verzweifeln bist?"

Diese Worte hatten meinen Patienten zutiefst getroffen. Er fand sie ungerecht und hart. „Was kann ich dafür, dass ich so sensibel bin? Mein Bruder ist da ganz anders. Er ist viel oberflächlicher als ich. Er verliert nie seine Fröhlichkeit. Ihm geht halt nichts wirklich nahe."

Insgeheim war mein Patient tief und fest davon überzeugt, dass Leid und Unglück besser seien als Freude, und dass ein unglücklicher Mensch einen größeren Wert habe als ein glücklicher.

In wie vielen Familien wird dies den Kindern vorgelebt, sozusagen als Familienmotto: „Leiden ist edel." Möglicherweise sind wir Westeuropäer auch durch unsere jüdisch-christliche kulturelle Prägung beeinflusst. So kann man etwa in der Bibel lesen:

> „Besser man geht ins Haus der Trauer
> als man geht ins Haus des Gelages; …
> Besser unmutig sein als lachen;
> denn bei finsterer Miene ist das Herz
> in richtiger Stimmung.
> Das Herz der Weisen
> ist im Hause der Trauer,
> das Herz der Toren
> im Hause der Freude …"
>
> (Prediger, Kap. 7, Verse 3–5)

Abgesehen davon, dass aus dem Kontext der zitierten Verse deutlich wird, dass sie keine Handlungsanweisungen für den Leser darstellen (sondern die Lebensbilanz eines vom Leben enttäuschten Menschen), finden sich in der Bibel auch ganz andere Verse: „Freue dich, Volk Israel, juble und singe vor Freude." (Psalm 149)

Es geht mir hier nicht um den Glauben, es geht mir ausschließlich um eine Lebenseinstellung. Unsere Kultur wurde von der antik-griechischen und der jüdisch-christlichen Tradition geprägt und dies während Jahrtausenden. Diese Prägung beeinflusst bis heute viele unserer Wahrnehmungen oder Ideen und Handlungen, ohne dass wir uns dessen bewusst sind.

Wenn aber eine Einstellung – „Leiden ist edel" oder sogar „kostbar", schließlich werden Märtyrer heilig gesprochen – zu einer psychischen Erkrankung führt wie eben zum Beispiel zu einer Depression, dann müssen wir diese heimlichen oder verborgenen Gedanken und Triebfedern aufdecken. Wenn wir eine fieberhafte Lungenentzündung haben, können wir auch nicht nur das Fieber bekämpfen, sondern wir müssen die Ursache, nämlich die Lungeninfektion, bekämpfen.

Fröhliche Menschen helfen anderen Menschen durch ihre Fröhlichkeit. Denn Fröhlichkeit ist ansteckend. Auch Leid ist ansteckend. Das wurde meinem oben zitierten Patienten von seinem schwarzen Freund recht mitleidlos unter die Nase gerieben.

Was die Wertigkeit angeht: Ein fröhlicher und ein trauriger Mensch sind beide gleich viel „wert". Fröhlichkeit und Traurigkeit sind weder schlecht noch gut. Ein Gärtner, der draußen in der prallen Sonne gearbeitet hat, ist am Ende des Sommers braun gebrannt. Ein Büroangestellter, der täglich am Schreibtisch arbeitet, ist zur selben Zeit blass. Der Zustand der Sonnenbräune ist weder gut noch schlecht, und daraus lässt sich niemals auf einen Wert schließen.

Nun werden Sie mir antworten: „Sie erwarten also von mir, dass ich fröhlich bin. – Aber das *kann* ich doch nicht! Ich möchte ja nichts mehr als das, aber ich kann nicht."

Nein, das können Sie nicht – und das müssen Sie auch nicht. Aber Nachdenken, das können Sie. Deshalb überlegen Sie sorgfältig, ob Sie nicht möglicherweise halb-bewussten Einstellungen wie den oben beschriebenen anhängen.

5.

Lügen

In diesem Kapitel möchte ich Ihnen beibringen zu lügen.

Setzen Sie sich bitte in einen ganz bequemen Sessel und entspannen Sie sich. Versuchen Sie, den nächsten Absatz ganz langsam und konzentriert laut zu lesen. Versuchen Sie, jeden Satz nachzufühlen.

„Ich kann nicht. Ich trage eine schwere, ganz schwere Last, ich kann nicht mehr. Ich bin schwach, am Boden. Ich habe keinen Mut mehr, ich kann nicht mehr. Ich kann mich nicht mehr freuen, ich weiß nicht mehr, was Freude ist. Ich kann nicht mehr unter die Leute, ich kann nicht mehr aus dem Haus. Ich kann nicht mehr denken, alles geht im Kreis herum, ich kann nicht mehr. Ich kann mich auf nichts mehr konzentrieren, ich kann nicht. Ich kann mich zu nichts aufraffen. Morgens kann ich nicht aufstehen. Ich kann mich für nichts interessieren, für gar nichts. Meine Beine sind bleischwer, ich kann kaum noch gehen. Die Last drückt mich zu Boden, ich kann mich nicht mehr erheben. Ich habe keine Kraft, ich kann nicht.“

Geben Sie sich ruhig ein paar Minuten diesem Gefühl hin. Was fühlen Sie? Genau das, was Sie laut gelesen haben, das ist es.

Nun setzen Sie sich wieder hin, atmen Sie ein paar Mal durch, entspannen Sie sich. Versuchen Sie wiederum, ganz langsam und konzentriert, laut zu lesen, was im nächsten Absatz steht. Versuchen Sie, jeden Satz nachzufühlen. Sie werden jetzt lügen – tun Sie es, niemand kommt dabei zu Schaden, es ist völlig harmlos. Also nochmals:

„Ich will nicht. Ich will nicht ohne Last herumgehen, ich will einfach nicht. Ich will nicht stark sein, ich will nicht Mut haben, ich will nicht. Ich will mich nicht freuen, ich will nicht wissen, was Freude ist. Ich will nicht unter die Leute, ich will nicht aus dem Haus. Ich will nicht mehr denken, ich will nicht. Ich will mich auf nichts konzentrieren. Ich will mich zu nichts aufraffen. Morgens will ich nicht aufstehen. Ich will mich für nichts interessieren. Meine Beine sind bleischwer, ich will nicht mehr gehen. Die Last drückt mich zu Boden, ich will mich nicht erheben. Ich will nicht, ich will nicht."

Wie fühlen Sie sich jetzt? Abgesehen davon, dass Sie gelogen haben: Ist es nicht ein ganz kleines, kleines, winzig kleines bisschen besser? Sagen wir, in einer Maßeinheit ausgedrückt: Fühlen Sie sich nicht um einen Millimeter höher? Ein Millimeter ist immerhin ein Millimeter. Wenn einer eine totale Glatze hat und das erste Haarpünktchen ein Millimeter lang ist, dann ist das nicht nichts. Es ist das erste Haar!

Darum geht es doch und um nichts anderes, dass Sie sich etwas, wenigstens ein ganz, ganz kleines bisschen besser fühlen – worauf auch immer das erstmal beruhen mag.

Erste Übung:

Lesen Sie den zweiten Text – „Ich will nicht" – täglich morgens und abends laut und konzentrieren Sie sich dabei.

Nehmen Sie den Block mit Klebezetteln zur Hand. Schreiben Sie mit einem Stift auf die obere Hälfte (unten kommt später ein weiterer Satz dazu): „Ich will nicht."

Kleben Sie einen Zettel auf den Spiegel im Badezimmer, einen in die Küche, einen auf Ihren Schreibtisch, überall dorthin, wo Sie sich häufig aufhalten und wo Sie gezwungen sind, ihn zu lesen.

Und jedes Mal, wenn es in Ihnen wieder sagen will: „Ich kann nicht", korrigieren Sie sofort: „Ich will nicht."

Diese Übung sollte zwei Wochen lang täglich wiederholt werden.

6.

Eine Depression – was ist das?

Was eine Depression ist, möchte ich wiederum an einem Beispiel erklären:

Eine Frau, nennen wir sie Anna, verliert ihren Mann. Sie ist traurig, ja man kann sagen: untröstlich. Sie leidet unter dem Verlust. Vielleicht heiratet sie nie wieder. Ihr ist Trauriges widerfahren. Ihr Mann wurde ihr genommen. Das widerfährt ihr. Sie kann nichts dafür oder dagegen tun, sie kann sich nicht wehren, diesem Schicksal ist sie ausgeliefert. Mit ihr *persönlich* hat dieser Todesfall überhaupt nichts zu tun. Ihre Traurigkeit bezieht sich einzig und allein auf den Tod ihres Lebensgefährten. Sie ist allein, sie vermisst ihn und sehnt sich nach ihm.

Das ist *Trauer*.

Ein anderes Beispiel:

Eine Frau, nennen wir sie Berta, wird von ihrem Mann wegen einer anderen Frau verlassen. Sie leidet, sie ist untröstlich, sie vermisst ihren Mann und sehnt sich nach ihm.

Die Situation ist faktisch dieselbe: Beide Männer sind nicht mehr da. Beide Frauen leiden und fühlen sich verlassen und allein.

Und doch ist Bertas Trauer nicht dieselbe. Berta hat an Selbstwert verloren. Sie fühlt sich nicht mehr viel wert, denn sonst hätte ihr Mann ja nicht eine andere vorgezogen. Auch wenn sie versucht, die neue Partnerin ihres Mannes herunter zu machen, ihr sogar die ganze Schuld zuzuschieben, *weiß* Berta doch in ihrem Innersten, dass sie ihr unterlegen ist. Sonst hätte ihr Mann sie doch nicht verlassen – oder? Immer wieder fragt sie sich: „Was hat die, das ich nicht habe?"

Und wenn sie sich dann sagen muss, ihre Rivalin stehe weit unter ihr, wird die Sache noch viel schlimmer, denn sie wird sich immer wieder fragen: „Was habe ich falsch gemacht, dass er mich um einer solchen Frau willen verlassen konnte!"

Diese (un)heimlichen Selbstgespräche, ja sogar Selbstvorwürfe finden pausenlos statt, wenn auch nicht unbedingt bewusst.

Eigentlich könnte Berta sich sagen: „Mein Mann hat ein Problem, nicht ich, *er* hat ja *mich* verlassen. Er hätte über seine Probleme, falls ich die Ursache wäre, reden können statt davonzulaufen." Das wäre sachlich. Dann gäbe es nur noch Trauer über den Verlust.

Aber Berta empfindet nicht nur Trauer.

Berta empfindet Trauer, gepaart mit einem
Selbstwertverlust.

Berta ist depressiv, sie hat eine Depression.

Depression = Trauer + Selbstwertverlust

Bitte, vergessen Sie die Hausaufgaben nicht:

Jedes Mal, wenn es in Ihnen wieder sagen will: „Ich kann nicht", korrigieren Sie sofort: „Ich *will* nicht."

7.

Typen der Depression

Wie kommt es zu einer Depression, wie entsteht sie?

Zunächst muss man wissen: Es gibt zwei Arten von Depressionen.

1. Reaktive Depressionen

Das sind Depressionen, die durch äußere Einflüsse hervorgerufen werden, wie zum Beispiel:

- Krankheit
- Invalidität
- Kündigung
- Überlastung
- Scheidung
- Schwierigkeiten mit den Kindern etc.

Dabei gilt wiederum:

Depression = Trauer + Selbstwertverlust

Es werden beispielsweise 2000 Arbeitsplätze abgebaut und man gehört dazu. Auch hier heißt es: Warum gerade ich? Man beginnt sich unbewusst mit denen zu vergleichen, die ihren Arbeitsplatz behalten konnten. Sind jene vielleicht mehr wert?

Wenn Sie von einem solchen Problem betroffen sind, dann ist die Ursache Ihrer Depression wohl klar. Die Behandlung ist allerdings genau dieselbe wie bei der zweiten Gruppe:

2. Endogene Depressionen

„Endogen“ heißt, die Depression kommt von innen. Mit anderen Worten: Es gibt gar keinen greifbaren, äußeren Grund für die Depression – diese Stimmungen überfallen einen von jetzt auf nachher. Man versteht die Welt nicht mehr. Plötzlich ist der Himmel verhangen und das Leben scheint hoffnungslos.

Meist hat man sich, ohne es zu wissen, schon als Kind auf diesen Zustand vorbereitet.

Wie?

Könnte es sein, dass

- Sie der Mutter viel geholfen haben oder dem Vater im Garten häufig zur Hand gegangen sind?
- Sie sich stets große Mühe gaben, ein gutes und braves Kind zu sein?
- Sie überaus gehorsam waren und auch später wenig oder nie rebelliert haben?
- Sie immer viel Rücksicht nahmen?
- Sie ein stets wohlgefälliges, liebes Kind waren?
- Sie nicht wütend wurden, aber vieles in sich hineingefressen haben?
- Sie sehr sensibel waren, geradezu empfindlich?

Kreuzen Sie bitte an, was auf Sie zutrifft.

Und ist es vielleicht heute noch so, dass Sie das Gefühl haben, Sie müssten stets:

- freundlich sein?
- Rücksicht nehmen?

- keine Konflikte haben?
- mehr als ihr Möglichstes geben (z.B. Überstunden machen)?
- sich freiwillig zur Übernahme von Aufgaben melden (es würde ja sonst niemand tun)?
- mit allen gut sein?
- versuchen, unter anderen Frieden zu stiften und für Harmonie sorgen?
- alle glücklich und zufrieden machen?

Müssen Sie das wirklich? – Ja?

Und warum?
Wenn ich mir nur vorstelle, ich müsste dies alles tun, fühle ich mich bereits todmüde und erschöpft. Müssen Sie denn die ganze Welt auf Ihren Schultern tragen? Glauben Sie tatsächlich, Sie seien so stark? Kein Wunder, wenn Sie zusammenbrechen.

Ich bin sicher, dass Sie gar nichts müssen. Heute sind Sie erwachsen, Sie, und nur Sie, bestimmen Ihr Leben. Sie müssen gar nichts. Niemand kann Sie zwingen. Auch meine Geschichten brauchen Sie sich nicht anzuhören – Sie müssen gar nichts.

Aber Sie sollten sich im Klaren sein, dass Ihre Entscheidung, was Sie glauben tun und sein zu müssen, Konsequenzen hat.

Zweite Übung:

Lesen Sie noch einmal den Text „Ich will nicht“ in Kapitel 5. Schreiben Sie nun auf die untere Hälfte der aufgeklebten Zettel, unter „Ich will nicht“:

... und
ich muss auch nicht.

Von jetzt an sagen Sie anstatt nur „Ich will nicht" jedes Mal dazu: „... und ich muss auch nicht."

Auch wenn Sie den Text der ersten Übung lesen, fügen Sie hinzu: „... und ich muss auch nicht."

8.

Was eine Depression sonst noch ist

– oder: was sie sicher nicht ist.

Als kleines Kind übernimmt man eine Rolle, etwa die des „guten Kindes“, weil man keine andere sieht.

Unter anderen Umständen hätte man eine andere Rolle wählen können, zum Beispiel das „schwarze Schaf“. Vielleicht haben Sie ja ein Geschwister, das sich so verhalten hat. Ein schwarzes Schaf glaubt, wenn es sich nicht durch unangenehmes Verhalten bemerkbar machen kann, wird es überhaupt nicht mehr wahrgenommen. So ein Kind hat es aufgegeben, auf dem positiven Weg Beachtung – von Liebe ist schon gar nicht die Rede – erreichen zu wollen. Ist dies eine bessere Rolle? Auch ein solches Kind denkt, es sei leider so geboren, und behält seine Rolle im Erwachsenenleben bei. Diese Menschen sind völlig entmutigt, auch wenn sie sich noch so aufmüpfig gebärden.

Anders als Sie sich verhalten und verhalten haben, konnten und können Sie sich noch immer nicht verhalten. Damals hatten Sie keine andere Wahl. Als Kind haben Sie versucht, das zu tun, was man von Ihnen erwartet hat, und das aufs Beste. Das ist wirklich nichts Schlechtes. Ein Kind hat ja keine Erfahrung und weiß somit nicht, dass auch andere Lösungen möglich sind. Es sieht nur einen Weg. Es hat

Angst, es würde ausgeschlossen, nicht geliebt werden, wenn es andere Wege ginge.

Eine Depression entsteht nicht einfach, man fabriziert sie vielmehr, weil man es eben nicht besser weiß. Wie sollte man das auch erkennen können, wenn es einem niemand sagt?

Wie wollen Sie zum Beispiel Französisch lernen ohne Lehrer, ohne je ein Wort gehört zu haben und ohne Buch?

Das ist ganz und gar unmöglich.

Eine Depression ist keine Krankheit, aber sie ist auch keine Sünde oder etwas irgendwie Unmoralisches. Was sie wirklich ist: ein Denkfehler.

Würden Sie ein kleines Kind ausschelten, wenn es zwei und zwei zusammenzählt und fünf erhält? Niemals! Sie würden geduldig zu erklären versuchen, vielleicht Äpfel holen und die Sache veranschaulichen. Sicher würden Sie dem Kind nichts vorwerfen. Es hat einen Fehler gemacht, den man zu berichtigen versucht.

So ist es auch bei einer Depression. Man macht einen Denkfehler, man kann gar nicht anders. Man weiß es ja nicht besser, weil man nichts anderes kennt.

Man – jeder – kann ein anderes Denken und ein anderes Verhalten *erlernen*. Das wichtigste Rüstzeug, das man dazu braucht, ist Geduld. Lassen Sie sich ausreichend Zeit.

9.

Strenge

Muss ich mit mir strenger sein als mit den anderen?

Oft führen Patienten ihre negativen Selbstgespräche in meiner Gegenwart. Es ist erstaunlich, mit welcher Akribie und Fantasie sie schlechte und verachtenswürdige Eigenschaften an sich finden. Ich höre jeweils eine Weile zu, um dann plötzlich tief durchzuatmen und den dergestalt Zerschmetterten anzufahren:

„Wissen Sie was? Eigentlich sind Sie doch ein kleinlicher, übellauniger, gehässiger und unangenehmer Kerl."

Das Erstaunen, ja der Schock meiner depressiven Patienten ist immer groß. Sie werden stumm und schauen mich verdattert an.

„Ja", fahre ich dann fort, „stellen Sie sich einmal vor, Sie hätten alle diese unangenehmen Vorwürfe über mich ergossen! Sie müssen wohl zugeben, dass man so etwas einfach nicht tut. Und im Übrigen kann wohl kein Mensch so mies sein, wie Sie sich sehen wollen."

Sie als Leserin oder Leser möchte ich fragen: Wieso glauben Sie, Ihre Vorwürfe seien etwas anderes, nur weil Sie sie statt an andere an sich selbst richten? Es bleiben ungerechte Vorwürfe, und wie Sie sich selbst behandeln, ist, weiß Gott, nicht schön.

Glauben Sie tatsächlich, dass für Sie spezielle Regeln gelten? Müssen Sie denn so viel tüchtiger, zuverlässiger, so viel selbstloser sein als alle anderen? Niemals würden Sie sich einfallen lassen, von einem anderen so viel zu verlangen wie von sich selbst.

Stellen Sie sich bitte Folgendes vor: Sie haben zum Beispiel Ihren Hausschlüssel verlegt. Nun beginnen Sie, sich zu beschimpfen und sich Vorwürfe zu machen. Wenn nun aber dasselbe Malheur mir passieren würde, wie würden Sie dann reagieren? „Ach", würden Sie mich trösten, „das kann doch jedem mal passieren." Und nichts würde Sie davon abhalten können, mir bei der Suche zu helfen.

Ja, so sind Sie – einfach ungerecht!

Lassen Sie mich eine Geschichte aus meiner Praxis erzählen: Eine junge Chemikerin arbeitete in der Forschungsabteilung eines Konzerns. Oft beendete sie Untersuchungen um Mitternacht, in einigen Fällen sogar um zwei Uhr morgens. Um 7.30 Uhr war sie dann bereits wieder im Labor oder im Büro. Die Arbeit war sehr interessant, und ihr Chef war sehr zufrieden mit ihr. Plötzlich wurde sie von rasenden Kopfschmerzen und Schwindel befallen. Es wurde ein Hirntumor vermutet, und sie kam ins Krankenhaus und wurde gründlich untersucht. Gefunden wurde nichts. Trotzdem bestanden die Kopfschmerzen weiter und auch der Schwindel ließ nicht nach. Die junge Frau fühlte sich so hinfällig, dass sie ihre gute Stelle kündigte. Sie hatte sich nicht krank gemeldet, bezog also kein Krankengeld, sondern lebte von ihren Ersparnissen.

Nach einem Jahr Arbeitslosigkeit kam die Chemikerin in meine Sprechstunde. Sie war totenblass, sehr dünn und hatte offenbar Gleichgewichtsstörungen.

Es stellte sich heraus, dass die Patientin sich nie erlaubt hätte, ihren Chef auf ihre völlige Überarbeitung aufmerksam zu machen. Er hätte sie dann ja im besten Fall als nicht belastbar einstufen oder sogar als faul abstempeln können. Sie stellte unerhörte Anforderungen an sich selbst, sowohl in puncto Qualität als auch Quantität der Arbeit. Sie gestattete sich keine Fehler. Als sie herausfand, dass sie selbst niemals einen Angestellten unter solch haarsträubenden Bedingungen hätte arbeiten lassen, war sie bereit, besser auf sich zu achten, und auch sich selbst dieselben Rechte zuzugestehen wie anderen.

Sie war bald wieder so weit hergestellt, dass sie eine neue Stelle fand, wieder in der Forschung und mit unregelmäßigen Arbeitszeiten; aber diesmal an einer Universität, wo sie ihre Überstunden ausgleichen konnte. Das hatte sie sich von vornherein ausbedungen.

Die Geschichte hatte ein Nachspiel: Ihr ehemaliger Chef rief sie eines Tages plötzlich an, denn er hätte sie gerne zurückgehabt. Mutiger geworden, erzählte sie ihm ihre Geschichte. Ihr Chef hätte erstaunter nicht sein können: Er hatte von ihrer Übermüdung überhaupt nichts bemerkt und nicht erkannt, dass sie deshalb zusammengebrochen war. „Warum haben Sie mir das nicht gesagt?“, wunderte er sich.

10.

Wut

Nun haben Sie bereits einen beträchtlichen Weg zurückgelegt. Es ist mir aufgefallen, dass bei vielen Patienten an diesem Punkt Wut aufkommt; meistens gegen mich. „Was verlangt die eigentlich von mir? Ich soll alles ändern – die kritisiert mich ja nur!"

Ihre Wut ist nicht nur berechtigt, sie ist richtig.

Trauer ist passiv, man erleidet sie, resigniert und hat keine Chance.

Wut ist aktiv, man beginnt sich zu wehren und hat mindestens *eine* Chance!

Aber was Sie nicht tun sollten, ist, sich schuldig fühlen oder bedauern. „Hätte ich das doch nur schon vorher gewusst." Klagen Sie sich nicht an, Sie konnten nicht anders denken und handeln. Rufen Sie sich dies immer wieder ins Gedächtnis. Sie *konnten* Ihr Verhalten nicht ändern, weil Sie keine andere Lösung, keinen anderen Weg sahen.

Wenn ein Haus brennt und man drei Türen zur Verfügung hat, um vor dem Feuer zu fliehen, aber zwei Türen geschlossen (nicht abgeschlossen) sind und die dritte sperrangelweit offen steht, wird jeder die offene Türe nehmen.

Wenn viele Leute aus dem Haus rennen wollen, kann das zu Panik führen und gefährlich werden. Trotzdem ist es verständlich.

11.

Stärken

Wie können Sie sich von den bedrückenden Selbstvorwürfen und den negativen Selbstgesprächen befreien? Richtig, indem Sie Ihr Selbstbild ändern – jetzt sofort!

Dritte Übung:

Nehmen Sie Ihr Aufgabenheft zur Hand und betiteln Sie die ersten beiden Seiten mit: „Meine Stärken". Unterteilen Sie diese beiden Seiten in je drei Spalten.

Notieren Sie in jede Spalte eine Ihrer Stärken. Vielleicht haben Sie jetzt große Mühe, Eigenschaften zu entdecken, die Sie als Stärken bezeichnen können oder wollen. Denken Sie nach: Haben Sie vielleicht sehr schönes Haar? Auch das ist eine Stärke. Vielleicht können Sie singen oder rechnen oder zuhören? Wenn Sie drei solche Eigenschaften finden, ist das für heute genug, wenn es mehr sind, umso besser.

Bei mir würde etwa Folgendes herauskommen: Selbstvorwürfe: „Heute hatte ich wieder keine Zeit, an meinem Buch zu schreiben. Das ist typisch. Wahrscheinlich wird es nie fertig. Ich bin doch gar nicht fähig, Bücher zu schreiben. Der Zeitmangel ist nur die passende Entschuldigung" usw.

Aber ich will mich nicht schlecht machen, ich habe auch Stärken:

Ich bin an allem interessiert.
Ich bin lernbegierig und auch lernfähig.
Ich kann für mein Alter recht gut Ski fahren.

„Jetzt ist sie übergeschnappt", werden Sie denken, „was hat denn Skifahren mit Buchschreiben zu tun?" – Mehr, als Sie auf Anhieb meinen. Um Ski zu fahren, muss man fit sein, man muss trainieren, wozu man sich nur zu oft überwinden muss.

„Das kann ich ..." – Jetzt sehen Sie, wie sich die Spirale meines Denkens plötzlich nach oben dreht.

Wenn ich Sie auffordere, ein Inventar Ihrer Stärken zu erstellen, fordere ich Sie keineswegs zu Unbescheidenheit oder Selbstlob auf („Eigenlob stinkt", sagten wir als Kinder). Nein, Sie müssen sich wieder auf Ihre Stärken besinnen! Nur wenn Sie wissen, dass Sie welche haben, können Sie sie einsetzen und gebrauchen.

Stärken sind unsere Ressourcen. Jeder Mensch hat Stärken, sogar viele. Wir brauchen sie auch, um uns aus unserer Depression herauszuarbeiten. Aber die meisten denken nicht mehr daran, sie haben sie vergessen. Das ist wie die Geschichte von dem alten, armen Mann, der verwahrlost in seiner verlotterten Hütte hockt und an einer Brotkante kaut, um seinen Hunger zu stillen. Er hat vergessen, dass er als junger Mann zur Absicherung seiner alten Tage im Keller einen Schatz vergraben hatte. Was nützt ihm sein Schatz, wenn er nicht mehr weiß, dass er ihn hat!

Erinnern Sie sich an Ihre Stärken beim Aufwachen und beim Schlafengehen! Sprechen Sie sich Ihre Stärken dabei ruhig vor.

12.

Der Wanderer, oder: Warum neue Sichtweisen weiterhelfen

In der persischen Mystik wird von einem Wanderer erzählt, der mühselig auf einer scheinbar endlos langen Straße entlangzog. Er war über und über mit Lasten behangen. Ächzend und stöhnend bewegte er sich Schritt für Schritt vorwärts, beklagte sein hartes Schicksal und die Müdigkeit, die ihn quälte. Auf seinem Weg begegnete ihm in der glühenden Mittagshitze ein Bauer. Der fragte ihn: „Oh, müder Wanderer, warum belastest du dich mit diesen Felsbrocken?" – „Zu dumm", antwortete der Wanderer, „aber ich hatte sie bisher noch nicht bemerkt." Darauf warf er die Brocken weit weg und fühlte sich viel leichter. Wiederum kam ihm nach einer langen Wegstrecke ein Bauer entgegen, der sich erkundigte: „Sag, müder Wanderer, warum plagst du dich mit einem halb faulen Kürbis auf dem Kopf und schleppst an Ketten so schwere Eisengewichte hinter dir her?" Es antwortete der Wanderer: „Ich bin sehr froh, dass du mich darauf aufmerksam machst; ich habe nicht gewusst, was ich mir damit antue." Er schüttelte die Ketten ab und zerschmetterte den Kürbis im Straßengraben. Wieder fühlte er sich leichter. Doch je weiter er ging, umso mehr begann er wieder zu leiden. Ein Bauer, der vom Feld kam, betrachtete den Wanderer erstaunt: „Oh, guter Mann, du trägst Sand in deinem Rucksack, doch was du in weiter Ferne siehst, ist mehr Sand, als du jemals tragen könntest. Und wie groß ist dein Wasserschlauch – als wolltest du die Wüste Kawir durchwandern. Dabei fließt neben dir ein klarer Fluss, der deinen Weg noch weit begleiten wird!" „Dank dir, Bauer, jetzt merke ich, was ich mit mir herumgeschleppt habe." Mit diesen Worten riss der Wanderer den Wasserschlauch auf, dessen brackiges Wasser auf dem Weg versickerte, und füllte mit dem Sand aus dem Rucksack ein Schlagloch. Er blickte an sich herab, sah den schweren Mühlstein an seinem Hals und merkte plötzlich, dass der Stein es war, der ihn noch so gebückt gehen ließ. Er band ihn los und warf ihn, so weit er konnte, in den Fluss hinab. Frei von seinen Lasten wanderte er durch die Abendkühle, eine Herberge zu finden.[1]

13.

Planen[2]

Ihr Zeitmanagement

Die meisten Depressiven neigen zu Passivität. Sie sind antriebslos. Das entspricht der großen Mutlosigkeit, von der sie befallen sind. Meistens ist es morgens am schlimmsten: Man hat Angst vor dem langen, nicht enden wollenden Tag, der ja sowieso nur Negatives bringen wird. Am liebsten würde man im Bett bleiben. Vor den früher mit Leichtigkeit bewältigten Aufgaben schreckt man zurück. Man traut sich nicht zu, mit den enorm erscheinenden Schwierigkeiten fertig zu werden. Jede Anstrengung scheint zwecklos. Solche Gedankengänge führen immer mehr in die Entmutigung.

Deshalb ist es wichtig, seine Aktivitäten ja keinesfalls aufzugeben, sondern sich geradezu an sie zu klammern. Wenn Sie berufstätig sind und es irgend geht, lassen Sie sich nicht krankschreiben. Wenn Sie einen verständnisvollen und einfühlsamen Chef haben, sollten Sie offen mit ihm sprechen. Sagen Sie ihm ruhig: „Ich bin mit meinen Gedanken im Moment sehr verlangsamt und habe Mühe, mich zu konzentrieren. Ich bitte Sie deshalb, in der nächsten Zeit etwas Geduld mit mir zu haben. Ich möchte aber nicht krankgeschrieben werden, weil das meine Krankheit verlängern würde. Trotz meiner Schwierigkeiten werde ich mich bemühen, den größtmöglichen Einsatz zu bringen."

Wenn Sie es nicht schaffen, direkt mit Ihrem Chef zu reden, lassen Sie dies Ihren Hausarzt tun. Aufgrund der ärztlichen Schweigepflicht wird er Ihre Diagnose nicht preisgeben dürfen, wenn Sie ihm dies nicht ausdrücklich erlaubt haben.

Nun kommen wir zur nächsten Hausaufgabe:

Planen Sie Ihren Tagesablauf.

Wenn Sie berufstätig sind, sollte der Plan sich über Arbeits- und Freizeit erstrecken. Das gleiche gilt für Menschen, die im Haushalt tätig sind. Der vorgedruckte, ausgefüllte Plan soll als Beispiel dienen. Füllen Sie einen leeren Plan mit Ihren Aufgaben und Bedürfnissen aus. Setzen Sie möglichst viele Beschäftigungen ein, die Ihnen früher Spaß gemacht haben. Planen Sie jeden Abend den nächsten Tag.

Die Spalte E steht für Erfolg, die Spalte V steht für Vergnügen. Mit einer Skala von 0 bis 3 bewerten Sie, wie viel Spaß Ihnen etwas gemacht hat. 0 heißt: Sie haben gar kein Vergnügen empfunden, 3 bedeutet, Sie hatten wirklich Spaß daran. Das Zeichen ✓ bedeutet, dass Sie die Aufgabe erledigt haben, - bedeutet, dass Sie nicht dazu gekommen sind.

Regen Sie sich nicht auf, wenn Sie nicht alles erledigt bekommen, was Sie aufgeschrieben haben. Die wenigsten Menschen erledigen alles, was sie sich vornehmen. Halten Sie mit Ihrem Plan fest, *was* und nicht *wie viel* Sie tun wollen. Mit der Zeit werden Sie ein Gefühl dafür entwickeln, wie lange Sie für Ihre Tätigkeiten brauchen.

Ein Stundenplan ist immer eine Hilfe. Es ist leichter, mit einem Plan zu arbeiten als ohne. Sie werden verwundert feststellen, dass Sie immer noch recht viel zustande bringen, und dass Ihr Eindruck, Sie täten überhaupt nichts, falsch ist. Hier sehen Sie schwarz auf weiß, dass Sie noch zu viel mehr fähig sind, als Sie dachten, und dass Sie sich täuschen, wenn Sie glauben, gar nichts mehr zu tun. Auch gibt es immer noch Beschäftigungen, die Ihnen Freude machen. Sie erkennen jetzt, welche diese sind, und können sie vermehrt einsetzen.

Dieser Plan ist *kein Mittel* gegen die Depression. Erwarten Sie also keine Stimmungsaufhellung. Er hilft Ihnen aber, aktiver zu werden und das Leben trotz der Depression besser in den Griff zu bekommen.

Der Tagesplan soll nicht dazu dienen, Sie zu bewerten oder zu benoten. Es ist unwichtig, wie viel und wie gut Sie das täglich tun. Wichtig ist, dass Sie wieder planen lernen, dass Sie sich sinnvolle Ziele stecken und diese umsetzen!

In den Beispielen sind jeweils nur die Tage bis Donnerstag erfasst. Natürlich sollten sie Ihren persönlichen Plan für die *gesamte* Woche machen, auch für das Wochenende.

Beispiel eines Tagesplanes für eine Hausfrau

	Montag	E	V	**Dienstag**	E	V	**Mittwoch**	E	V	**Donnerstag**	E	V
8-9	aufstehen, Frühstück, Zeitung lesen	–		aufstehen, Frühstück, Zeitung lesen	✓	2	aufstehen, Frühstück, Zeitung lesen	–	2	aufstehen, Frühstück	✓	2
9–10	Haushalt, Zimmer machen	✓	0	einkaufen	✓	2	Freundin anrufen	✓	1	Haushalt und Waschen	✓	1
10–11	Haushalt	✓	0	einkaufen	✓	2	Haushalt	–		Haushalt und Waschen	✓	1
11–12	Mittagessen	–		Mittagessen	✓	0	Mittagessen	–		Mittagessen mit Freundin	✓	1
12–14	ausruhen, lesen	✓	1	Zimmer machen	–		ausruhen, lesen	✓	1	Freundin	✓	1
14–15	bügeln	–		Stadt mit Freundin	✓	2	Museum m. Kindern	✓	1	Freundin	✓	1
15–16	flicken	✓	0	Stadt mit Freundin	✓	2	Museum	✓	1	bügeln, Kinder	✓	1

	Montag	E	V	**Dienstag**	E	V	**Mittwoch**	E	V	**Donnerstag**	E	V
16–17	Freundin anrufen	✓	2	putzen etc.	–		Kinder	✓	1	bügeln	✓	0
17–18	Aufgaben machen m. Kindern	–		basteln u. Aufgaben machen	✓	0	Kinder	✓	1	bügeln	✓	0
18–19	kochen	✓	0	kochen, essen, Familie	✓	0	kochen, essen, Familie	✓	0	kochen, essen, Familie	✓	0
19–20	essen, Familie	✓	0	Küche aufräumen	✓	0	Küche aufräumen	✓	0	Küche aufräumen	✓	0
20–21	Küche aufräumen, Familie	–		Familie	✓	1	Familie, Kartenspiel, Freunde	✓	2	Eltern besuchen gehen	✓	1
21–23	lesen, fernsehen	–		lesen, fernsehen	✓	1						
	Programm für Di	✓		Programm für Mi	✓		Programm für Do	✓		Programm für Fr	✓	

Beispiel eines Tagesplanes für eine Büroangestellte

	Montag	E	V	**Dienstag**	E	V	**Mittwoch**	E	V	**Donnerstag**	E	V
7–8	aufstehen, Frühstück, Weg zur Arbeit	✓	0	aufstehen, Frühstück, Weg zur Arbeit	✓	0	aufstehen, Frühstück, Weg zur Arbeit	✓	0	aufstehen, Frühstück, Weg zur Arbeit	✓	1
8–9	E-Mails erledigen	✓	0	E-Mails erledigen	✓	1	E-Mails erledigen	✓	0	E-Mails erledigen	✓	0
9–10	Meeting mit Chef vorbereiten	✓	0	Meeting mit Chef vorbereiten	✓	0	Abteilungsmeeting	✓	1	Meeting mit Chef vorbereiten	✓	1
10–11	Tagesmeeting m. Chef	✓	0	Tagesmeeting m. Chef	✓	1	Abteilungsmeeting	✓	2	Tagesmeeting m. Chef	✓	2
11–12	versch. kleine Aufgaben erledigen	–		Folien kreieren f. Abteilungsmeeting	✓	2	Protokoll schreiben	✓	1	Ferienliste für die Abteilung erstellen	✓	1
12–13	Mittagspause	–		Mittagspause	✓	0	Mittagspause	✓	1	Mittagspause	✓	2

	Montag	E	V	Dienstag	E	V	Mittwoch	E	V	Donnerstag	E	V
13–14	Einarb. der neuen Kollegin	✓	0	Abteilungs-ausflug org. Route Transport Picknick Weinkeller Häppchen Dinner Reden Band Einlagen	✓	1	Protokoll verteilen, Pflanzen	✓	1	Abteilungs-leiter-Klausur-tagung org.	✓	2
14–15	Kaffee m. Kollegin	✓	1				div. Korr. erledigen	✓	1			
15–16	Büro entspr. einrichten	✓	0				Ablage ab-arbeiten	✓	0	Ablage ab-arbeiten	✓	1
16–17	Büro entspr. einrichten	✓	0				Manual-kopien für. Abt'leiter	✓	0	Unerledigtes bearbeiten	✓	0
17–18	Heimweg	✓	0	Heimweg	✓	0	Heimweg	✓	1	Heimweg	✓	2
18–19	einkaufen aufräumen	✓	0	Zeitung lesen	✓	1	Zeitung lesen	✓	1	Zeitung lesen	✓	1

	Montag	E	V	**Dienstag**	E	V	**Mittwoch**	E	V	**Donnerstag**	E	V
19–20	Nachtessen zubereiten u. essen	–		Nachtessen zubereiten u. essen	✓	0	Nachtessen zubereiten u. essen	✓	0	Nachtessen zubereiten u. essen	✓	0
20–21	lesen u. fernsehen	✓	1	lesen u. fernsehen	✓	1	Steuer-erklärung ausfüllen	✓	0	Wohnung putzen	✓	0
21–22	Schwester anrufen	–		Schwester anrufen	✓	2				fernsehen	✓	1
	Programm für Di	✓	0	Programm für Mi	✓	0	Programm für Do	✓	1	Programm für Fr	✓	2

14.

Die Unteilbarkeit der Gedanken

Zunächst etwas Theorie

Unsere Gedanken entstehen im Gehirn und werden durch Nervenzellen und -bahnen weitergeleitet, etwa so:

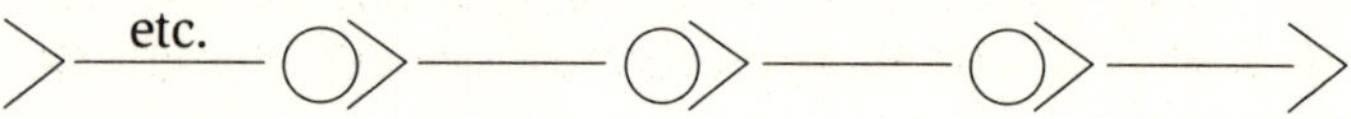

Dieses System ist in Wirklichkeit ein sehr kompliziertes und komplexes Gebilde.

Das Nervensystem entspricht dabei ungefähr einer Leitung und ein Gedanke der Elektrizität.

Stellen Sie sich eine elektrische Leitung vor:

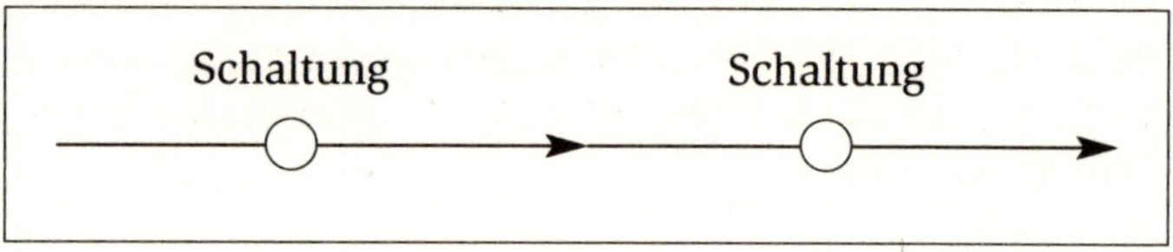

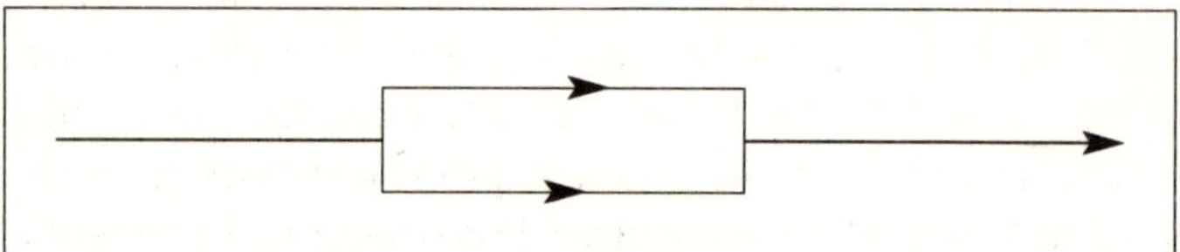

Der Strom kann auch verzweigt werden. (Stromnetz)

Unsere Gedanken jedoch können sich nicht teilen. Anders als bei der Elektrizität können wir nicht zwei Gedanken parallel denken oder unsere Gedanken vernetzen. **Unsere Gedanken sind Einbahnstraßen**. Wir können höchstens zurück, um einen Gedanken neu zu formulieren.

Wenn ich an einem Tisch zwischen Herrn A und Herrn B sitze und beide auf mich einreden, kann ich niemals beiden gleichzeitig zuhören, das heißt verstehen, was sie sagen. Ich muss mich bald Herrn A zuwenden, bald Herrn B und so fort. Wenn mich dann Frau C, die gegenüber sitzt, fragt, wovon das Gespräch handelt, werde ich kaum in der Lage sein, ihr eine vernünftige Antwort zu geben. Schöne Beispiele hierfür sind Fernsehdebatten, bei denen sich alle ständig ins Wort fallen.

Sie können also nicht zwei Gedanken zur selben Zeit haben, sondern immer nur nacheinander.

Ein anderes Beispiel: Ein Kind hört der Lehrerin zu, die an der Tafel eine Rechnung erklärt. Aber dann hört es draußen einen Vogel pfeifen und schaut aus dem Fenster. Es denkt jetzt an den freien Nachmittag und dass es einen Fahrradausflug machen will. Während es nun so seinen Gedanken nachhängt, kann es nicht mehr mit der Lehrerin mitdenken. Es ist abgelenkt.

Genau dasselbe geschieht mit Ihren traurigen oder negativen Gedanken. Sie können sie nicht einfach verjagen – die kommen zurück, denn die Leitung ist ja jetzt „leer“. Sie können aber die traurigen und negativen Gedanken ersetzen durch fröhliche und positive. Das bedeutet, Sie müssen sich ganz aktiv mit etwas anderem als mit Ihrem Kummer beschäftigen.

Ich kann es auch so erklären: Sie haben eine schmale Tür zum Hirn. Durch diese schmale Türe kann jeweils nur ein Gedanke hindurchgehen. Also lassen Sie den positiven durch, dann muss der negative draußen bleiben.

Das ist keine leichte Aufgabe, aber jeder kann sie lernen!

Deshalb überlegen Sie sich, was Ihnen früher Freude gemacht hat, und stellen Sie diese Tätigkeiten möglichst häufig in Ihren Wochenplan ein. Auch wenn Sie im Moment zu nichts Lust haben, wird es einfacher sein, sich diesen Tätigkeiten zuzuwenden, als Aufgaben anzugehen, die Ihnen schon immer zuwider waren.

Warum Museumsbesuche wohltuend sein können

In Ihrem Musterplan ist ein Museumsbesuch vorgesehen. Professor Beck aus den USA, ein in der Behandlung von Depressionen sehr erfolgreicher Therapeut, schickt alle seine Patienten in die Museen. Offensichtlich sind die Amerikaner dazu leichter zu bewegen als die Europäer.

Bei einem Museumsbesuch beschäftigt man sich mit den ausgestellten Gegenständen, das heißt: Man denkt. Es ist wahr, im Moment gibt es nichts, was Sie interessiert. Sie können sich aber *für* etwas interessieren. Das bedeutet Arbeit, gedankliche Arbeit.

Dazu gehört auch das Lesen. Natürlich sehen Sie wahrscheinlich lieber fern: So können Sie vergessen. Aber Sie brauchen dabei nicht zu denken, das heißt auch: Das Fernsehen bringt Ihnen keine Richtungsänderung Ihrer Gedanken. Dazu ist Arbeit erforderlich, Denkarbeit. Deshalb ist es notwendig, allmählich überwiegend auf das Lesen umzusatteln. Hier müssen Sie Ihr Vorstellungsvermögen aktivieren, Sie müssen etwas tun, Sie selber. Aber lesen Sie erstmal keine weiteren psychologischen Bücher, denn viele Köche verderben den Brei. Allzu viele verschiedene Rezepte verwirren und schaden mehr, als sie nützen. Verschieben Sie diese Lektüre auf später, wenn Sie wieder gesund sind.

Und lesen Sie keine Problemliteratur, lesen Sie fröhliche, aufheiternde Bücher. Professor Angst in Zürich empfiehlt zum Beispiel Gottfried Keller, „Die Leute von Seldwyla" oder „Die Zürchernovellen". Der Autor Bergengruen ist zu empfehlen, allerdings zum Teil vergriffen. Auch „Monsieur Ibrahim und die Blumen des Koran" von Eric-Emmanuel Schmitt und andere mehr sind empfehlenswert.

Noch eine Anregung, um Sie auf andere Gedanken zu bringen: Gehen Sie in Konzerte, machen Sie Theaterbesuche.

Vielleicht bereitet Ihnen all das trotz Ihrer Depression ein wenig Vergnügen – möglicherweise erleben Sie sogar einen erholsamen Nachmittag oder Abend.

Zum Abschluss eine kurze Geschichte aus meiner Praxis. Sie handelt von einer jungen Frau, die in meine Sprechstunde kam. Vor kurzem hatte sie ihre Eltern und ihre jüngere Schwester bei einem Autounfall verloren. Sie stand vor der Scheidung, die sie eingereicht hatte, weil ihr Mann sie immer wieder betrog. Ihre Firma hatte sie in eine ihr fremde Stadt versetzt. Da stand sie nun, depressiv und ganz auf sich allein gestellt, ohne einen einzigen Bekannten.

Sie befolgte meinen Rat, in die Museen zu gehen und Theater und Konzerte zu besuchen, kurzum alles zu tun, was ihr als allein stehender, junger Frau möglich war. Es ging ihr sehr rasch besser und nach etwa einem halben Jahr hatte sie bereits wieder einen Bekanntenkreis aufgebaut.

Nach weiteren zwei Jahren besuchte sie mich, um mir mitzuteilen, dass sie vor kurzem geheiratet habe und überglücklich sei.

„Wissen Sie“, erzählte sie mir, „als Sie mir damals rieten, Museen, Theater und Konzerte zu besuchen, verstand ich eigentlich nicht, wozu das gut sein sollte. Aber bald begann ich mich für all das Neue zu interessieren, und ich lernte eine Welt kennen, die mir früher völlig fremd gewesen war. Ich bin eher schüchtern und introvertiert, und natürlich lernte ich weder im Konzert noch im Museum Leute kennen. Aber offenbar hatte ich Gesprächsthemen gefunden, und dadurch wurde ich selber interessanter, sodass ich innerhalb kurzer Zeit unter meinen Kollegen Freunde gewann. Der Kreis erweiterte sich, und auf diese Weise lernte ich meinen jetzigen Mann kennen.“

15.

Ein paar praktische Anregungen

Im Allgemeinen fällt ja das Aufstehen schwer.

Vielleicht haben Sie schon abends den Tisch gedeckt, so müssen Sie morgens weniger vorbereiten. Wahrscheinlich ist es einfacher und angenehmer, wenn Sie sich im Morgen- oder Bademantel an den Tisch setzen. Mein Mann und ich lesen die Zeitung beim Kaffeetrinken, denn wir sind wahre Morgenmuffel.

Erfahrungsgemäß werden Sie sich jedoch nach dem Frühstück besser fühlen, wenn Sie sich anziehen. Laufen Sie nie im Trainingsanzug herum. Tragen Sie keinen Dreitagebart. Rasieren Sie sich oder pflegen Sie Ihren Bart. Waschen Sie Ihre Haare. Pflegen Sie sich auch, wenn Ihnen nicht danach ist.

Tragen Sie während der Depression möglichst wenig grau und schwarz, und wenn, dann hellen Sie Ihre Kleidung auf mit einem farbigen Hemd, einer bunten Krawatte, Damen mit einer Bluse oder einem Schal. Dunkle Farben lassen sich gut mit Pastelltönen kombinieren.

Und nun stellen Sie sich vor den Spiegel: Richten Sie sich auf. Drücken Sie die Schultern nach hinten und lassen Sie sie in dieser Lage. Am Anfang wird Ihnen dies sehr schwer fallen. Vielleicht bekommen Sie sogar ein wenig Schmerzen. Ihre Muskeln sind schlaff geworden und müssen trainiert werden. Aber nach einer Woche werden Sie einen aufrechten Gang haben, ohne Anstrengung. Stellen Sie sich vor, Sie müssten Bücher auf dem Kopf tragen. Früher ließ man dies die Internatsschülerinnen tun, nicht nur, damit sie einen schönen Gang bekamen, sondern weil eine aufrechte Haltung auch gesünder ist sowohl für Atmung und Kreislauf als auch für den Rücken.

Viele Patientinnen sagten mir, sie trauten sich nicht, so herumzustolzieren. Man würde sie doch dann für hochnäsig und eingebildet halten. Oh nein, das wird niemand tun. Man wird Sie für einen aufrechten und selbstsicheren Menschen halten.

Diese Anregungen sind wichtiger, als Sie glauben. Sie werden nicht gezwungen, sie zu befolgen, aber Sie können es. Untersuchungen haben ergeben, dass sich 62 Prozent der Depressiven durch Befolgen dieser Äußerlichkeiten bereits viel besser fühlen. Es zeugt ja nicht von Bescheidenheit oder größeren inneren Werten, wenn man sich nicht um sein Äußeres kümmert. Nicht umsonst sagt Konrad Lorenz: „Ästhetik hat sehr viel mit dem ähnlich klingenden Wort Ethik zu tun." Das heißt eigentlich: **Gut ist schön**. Wenn Sie gepflegt aussehen und aufrecht durch die Welt gehen, wird man Sie für offen, aufrecht und stark halten und Sie schon deshalb mehr respektieren.

Achtung! Was Sie nicht tun sollten: während einer Depression neue Kleider kaufen.

Eine meiner Patientinnen entschloss sich, einen hellblauen Pullover zu kaufen, den sie kürzlich gesehen hatte. Sie kam zurück mit einer sehr teuren, eleganten grauen Jacke, eingefasst mit schwarzen Bändern. Sie hatte es nicht gewagt, sich für den farbigen Pulli zu entscheiden. Heute hängt die Jacke im Schrank, sie mag sie nicht mehr tragen.

Natürlich bezahlen Sie auch für eine Veränderung solcher „Äußerlichkeiten“ einen Preis: die Bequemlichkeit. Aber ist Bequemlichkeit ein Lebensziel?

Und nun ist es Zeit, Ihr Arbeitsheft zur Hand zu nehmen und mindestens drei weitere Stärken aufzuschreiben. Besser, Sie finden sogar sechs.

Vierte Übung:

Wiederholen Sie morgens und abends Ihre Stärken und denken Sie kurz darüber nach, wie Sie diese im Alltag einsetzen können.

16.

Stress

Im Folgenden wird es nochmals sehr anstrengend.

Aber zuerst etwas Theorie:

Menschen oder auch Tiere kommen in eine Stresssituation zum Beispiel dann, wenn sie angegriffen werden und kämpfen oder flüchten müssen. Oder wenn sie sich auf einer mühsamen Bergwanderung befinden oder eine Hungerperiode durchzustehen haben. Jetzt hilft der Körper, indem er das Stresshormon Adrenalin ausschüttet. Dadurch wird vor allem die Durchblutung der Muskulatur, aber auch die der inneren Organe angeregt. Der mittlere Blutdruck wird erhöht, der Grundumsatz – das heißt der Stoffwechsel – steigt. Es werden Reserven abgebaut. So wird der Körper befähigt, die Stresssituation zu überwinden.

Die Adrenalinausschüttung verändert auch die seelische Stimmung in Richtung „Aktivität“. Ein trauriger Mensch würde aufgeben, zusammenklappen, resignieren.

Nun können wir aber eine Adrenalinausschüttung selbst herbeiführen. Wie? Durch körperliche Anstrengung. Jeder Depressive fühlt sich nach körperlicher Anstrengung besser, optimistischer.

Aus diesem Grunde sollte bei keiner psychiatrischen Behandlung ein sportliches Training fehlen. Es ist egal, *wie*

Sie sich betätigen wollen. Aber eine halbe Stunde täglich braucht es. Sie können Tennis spielen, Rad fahren, schwimmen, turnen, joggen, spazieren, was immer Sie am liebsten tun, bzw. was für Sie am einfachsten umzusetzen ist. Aber wichtig ist das *tägliche* Training. Das Ziel ist ja die Stimmungsaufhellung. Und die wird stattfinden. Vielleicht hält sie anfangs nicht lange an, aber auch das wird sich mit der Zeit verbessern. Stellen Sie sich vor, Sie müssten ein Fass von 50 Litern füllen und hätten dafür nur eine einzige Gießkanne von 1,5 Litern pro Tag zur Verfügung. Haben Sie Geduld, es wird mehr als einen Monat dauern, zumal auch noch etwas Wasser verdunstet.

Beginnen Sie langsam mit Ihrem Training. Sie sollten sich auf keinen Fall überanstrengen. Hier ein Trainingsschema für Jogging – es ist die einfachste, aber auch die anstrengendste körperliche Betätigung.

Tagesplan für die Bewegungstherapie[3]

1. Tag	14 Minuten *gehen*	1 Minute *traben*	15 Minuten *gehen*
2. Tag	14 Minuten *gehen*	2 Minuten *traben*	14 Minuten *gehen*
3. Tag	13 Minuten *gehen*	3 Minuten *traben*	14 Minuten *gehen*
4. Tag	13 Minuten *gehen*	4 Minuten *traben*	13 Minuten *gehen*
5. Tag	12 Minuten *gehen*	5 Minuten *traben*	13 Minuten *gehen*
6. Tag	12 Minuten *gehen*	6 Minuten *traben*	12 Minuten *gehen*
7. Tag	11 Minuten *gehen*	7 Minuten *traben*	12 Minuten *gehen*
8. Tag	11 Minuten *gehen*	8 Minuten *traben*	11 Minuten *gehen*
9. Tag	10 Minuten *gehen*	9 Minuten *traben*	11 Minuten *gehen*
10. Tag	10 Minuten *gehen*	10 Minuten *traben*	10 Minuten *gehen*
11. Tag	9 Minuten *gehen*	11 Minuten *traben*	10 Minuten *gehen*
12. Tag	9 Minuten *gehen*	12 Minuten *traben*	9 Minuten *gehen*
13. Tag	8 Minuten *gehen*	13 Minuten *traben*	9 Minuten *gehen*

14. Tag	8 Minuten *gehen*	14 Minuten *traben*	8 Minuten *gehen*
15. Tag	7 Minuten *gehen*	15 Minuten *traben*	8 Minuten *gehen*
16. Tag	7 Minuten *gehen*	16 Minuten *traben*	7 Minuten *gehen*
17. Tag	6 Minuten *gehen*	17 Minuten *traben*	7 Minuten *gehen*
18. Tag	6 Minuten *gehen*	18 Minuten *traben*	6 Minuten *gehen*
19. Tag	5 Minuten *gehen*	19 Minuten *traben*	6 Minuten *gehen*
20. Tag	5 Minuten *gehen*	20 Minuten *traben*	5 Minuten *gehen*
21. Tag	4 Minuten *gehen*	21 Minuten *traben*	5 Minuten *gehen*
22. Tag	4 Minuten *gehen*	22 Minuten *traben*	4 Minuten *gehen*
23. Tag	3 Minuten *gehen*	23 Minuten *traben*	4 Minuten *gehen*
24. Tag	3 Minuten *gehen*	24 Minuten *traben*	3 Minuten *gehen*
25. Tag	2 Minuten *gehen*	25 Minuten *traben*	3 Minuten *gehen*
26. Tag	2 Minuten *gehen*	26 Minuten *traben*	2 Minuten *gehen*
27. Tag	1 Minute *gehen*	27 Minuten *traben*	2 Minuten *gehen*
28. Tag	1 Minute *gehen*	28 Minuten *traben*	1 Minute *gehen*
29. Tag	0 Minuten *gehen*	29 Minuten *traben*	1 Minute *gehen*
30. Tag	0 Minuten *gehen*	30 Minuten *traben*	0 Minuten *gehen*

Diese Übung darf *nicht* anstrengend werden. Sie können die Trabphasen steigern so langsam, wie Sie wollen. Steigern Sie ganz langsam, Sie müssen keinen Weltrekord aufstellen! Am besten wäre, wenn Sie mit einem Partner laufen, und zwar so, dass Sie während des Trabens noch sprechen können. Sie dürfen nie außer Atem kommen. Also: Eile mit Weile!

Nun zu Ihrer Ermutigung: Ich gehe zweimal wöchentlich ins Krafttraining und schwimme täglich 500 m, falls es mir nicht gelingt, eine spektakuläre Ausrede zu finden. Ich muss Ihnen gestehen, dass es mir in den letzten 30 Jahren nie gelungen ist, mich darauf zu freuen. Aber hinterher bin ich sehr zufrieden.

Also planen Sie Ihre tägliche Adrenalinausschüttung ein, auch wenn es kein Honiglecken ist.

17.

Schwierigkeiten auf dem Weg

Lassen Sie sich nicht entmutigen. Es ist normal, dass Sie Schwierigkeiten haben und noch haben werden.

Lassen Sie uns über diese Schwierigkeiten reden.

Zum Beispiel:

Sie fühlen sich morgens wie gelähmt. Sie glauben, nicht aufstehen zu können. – Geben Sie Ihren Muskeln Befehle: „Beine, bewegt euch! Füße, berührt den Boden, Muskeln, spannt euch, arbeitet, bewegt euch!“

Sie können sich nicht konzentrieren. Deshalb können Sie nicht lesen. – Nehmen Sie die Zeitung, lesen Sie laut! Überlegen Sie, aber indem Sie laut darüber nachdenken, wovon dieser Artikel handelt. Ein Satz genügt. Tun Sie dies noch mit zwei weiteren Überschriften. Wenn Sie mögen, lesen Sie einen kleinen Artikel, aber immer laut! Wenn Sie ein Buch mit Kurzgeschichten haben, versuchen Sie sich einen Abschnitt daraus vorzulesen.

Finden Sie heraus, was Sie am mühelosesten lesen können und üben Sie ein zweites Mal, vielleicht über Mittag.

Sie benötigen jetzt für alles viel mehr Zeit. Das ist so. Na und? Vergleichen Sie sich nicht ständig mit sich selbst, d.h.

Ihre momentanen Leistungen mit denen vor der Depression. Es geht jetzt wirklich nicht um Leistung. Das einzig Wichtige ist, mit und in einer Depression leben zu können.

Sie sehen ja, dass Sie tatsächlich etwas tun. Auch, dass Sie dieses Buch durcharbeiten, ist eine wichtige Aktivität. Sie können also noch Kraft zum Handeln entwickeln.

Wenn Sie etwas vorhaben, üben Sie es vorher in Gedanken, Schritt für Schritt, denken Sie es durch. Bei dieser Gedankenarbeit werden Sie Hindernissen begegnen, sozusagen Straßensperren auf dem Weg.

Hier das Beispiel eines Selbstgespräches einer Patientin:

Alter 26 Jahre, Größe 1,64 m, Gewicht 87 kg

- Ich muss wieder turnen oder joggen, nicht nur wegen der Depression, ich würde dann auch abnehmen.
- Also, ich soll mir jeden Schritt überlegen.
- Joggen hat keinen Wert, der Hausarzt hat gesagt, ich sei so schwer, dass ich meine Gelenke nicht strapazieren dürfe. (1. Sperre)
- Was könnte ich tun? Ich könnte schwimmen gehen. Am besten in der Mittagspause, die Schwimmhalle ist ja neben dem Geschäft.
- Das ist unmöglich. Da sind so viele Leute, ich würde mich zu Tode genieren. (2. Sperre)
- Gibt es eine andere Lösung? Ja – die Halle ist bereits um 7.00 Uhr morgens geöffnet. Ich könnte dann gehen, da sind sicher noch nicht so viele da.
- Also, beginnen wir mit der Überlegung von vorn: Ich stelle den Wecker auf 6.00 Uhr. Wahrscheinlich fühle ich mich mies; ich hasse es, so früh aufzustehen.

- Ich könnte aber genauso gut 15 Minuten früher aufstehen; so hätte ich Zeit, einen Kaffee zu trinken und ein Brötchen zu essen. Ich hätte mehr Zeit.
- Dann packe ich meine Sachen. Aber ich habe ja gar keinen Badeanzug mehr. (3. Sperre)
- Was könnte ich tun? Ich kann mir einen Badeanzug kaufen. Aber ich bin so dick, ich mache mich lächerlich vor den Verkäuferinnen. (4. Sperre)
- Wie weit interessieren sich wohl die Verkäuferinnen für meinen Körper? Doch nur insofern, als sie mir einen passenden Badeanzug finden müssen. Eigentlich sind sie wohl nur daran interessiert, mir etwas zu verkaufen.
- Also zurück zum Anfang: Ich packe meinen Badeanzug ein und gehe zur Tramhaltestelle.
- Um diese Zeit kommt aber nur alle 20 Min. ein Tram. Ich werde zu spät ins Geschäft kommen. Die gleitende Arbeitszeit geht nur bis 8.30 Uhr. (5. Sperre)
- Ich könnte dreimal pro Woche mit dem Auto fahren. Ich hätte mehr Zeit und wäre unabhängig.
- Aber ich habe keinen Parkplatz. (6. Sperre)
- Ich könnte zum Hausmeister gehen und mir einen Parkplatz mieten.

Diese Selbstgespräche sind ganz einfach. Sie müssen für jedes Hindernis, nachdem Sie erst einmal herausgefunden haben, wo diese Hindernisse versteckt sind, eine Lösung finden. Deshalb: Führen Sie Ihre Selbstgespräche schriftlich.

Fünfte Übung:

Notieren Sie Ihre Selbstgespräche, die wir „Jagd nach verborgenen Straßensperren oder Hindernissen“ nennen wollen, in Ihr Heft. Streichen Sie die Lösungen an. Da Sie die

Hindernisse jetzt erkannt haben, können Sie sie nun auch beseitigen. Immer, falls Sie sich dafür entscheiden. Ich denke, das wäre ein ganz entscheidender Schritt nach vorne.

Vergleichbare Gespräche finden normalerweise in jeder Depressionsbehandlung mit dem Therapeuten statt. Man kann aber auch allein mit sich selbst sprechen. Es ist am Anfang vielleicht etwas schwieriger – das Resultat ist aber dasselbe, vielleicht sogar noch besser.

18.

Nichts Neues

Gehen Sie nochmals zurück und machen Sie alle Hausaufgaben, die Sie bisher möglicherweise unterlassen haben:

Vor dem Aufstehen und beim Zubettgehen:

> „Ich will nicht
> und
> ich muss auch nicht."
>
> Ich erinnere mich an meine Stärken.

Dazu haben Sie die ganze nächste Woche Zeit. Auch zum Rekapitulieren.

19.

Entscheidungen

Wir entscheiden uns ständig. Wir können nicht anders; sowenig wie wir aufhören können zu atmen. Wenn ich aufstehe und einen Fuß vor den anderen setze, entscheide ich das. Ich kann auch anders – ich kann sitzen bleiben. Die meisten unserer Entscheidungen sind uns aber gar nicht bewusst. Es wäre ja auch ein enormer Aufwand, wenn wir all unsere Bewegungen bewusst koordinieren müssten.

Aber wir können uns jederzeit bewusst entscheiden! Wir wollen jetzt aufstehen, und wir wollen jetzt einen Spaziergang machen. **Wenn wir uns entscheiden, uns nicht zu entscheiden, ist auch dies eine Entscheidung.**

Ein junger Patient hatte sich zur selben Zeit in zwei Frauen verliebt. Die eine hatte ihre Familie und ihr Land verlassen, um in seine Nähe zu ziehen. Die andere war eine temperamentvolle, lebenslustige und sehr fordernde junge Frau. Der junge Mann war verzweifelt, er konnte sich nicht entscheiden. Er baute ein Haus mit Kinderzimmern, aber er liebte weiterhin hoffnungslos beide Frauen. In Tat und Wahrheit hatte er längst entschieden: Er wollte nicht heiraten!

Heute, 15 Jahre später, ist er nicht mehr ganz jung, aber immer noch ledig.

Wenn du wissen willst, was du wirklich willst, schau, was du tust!

Denn Taten können nicht lügen.

In unseren Entscheidungen sind wir wirklich ganz frei. Vielleicht ist das die einzige Freiheit überhaupt: „die Freiheit“ schlechthin.

Keine Werbung, keine Macht, kein Tyrann kann uns beeinflussen oder zwingen, außer wir haben uns entschieden, uns beeinflussen oder zwingen zu lassen. Allerdings haben unsere Entscheidungen Folgen, die wir nicht mehr frei wählen können.

Während einer Depression sollten Sie alle Entscheidungen vermeiden, die Ihr Leben verändern. Im Moment sehen Sie Ihre Situation nicht von Ihrem normalen Standpunkt aus.

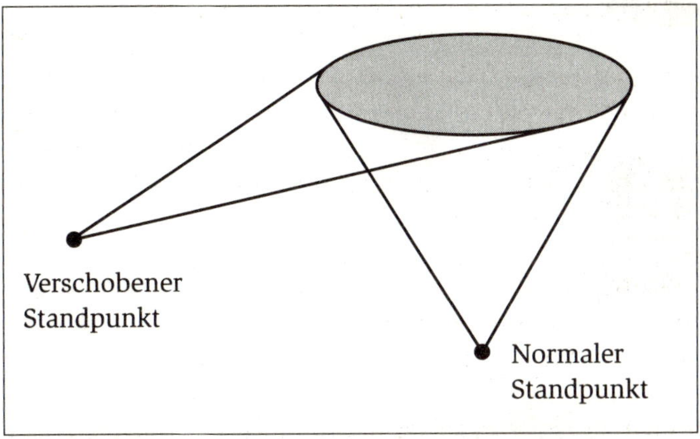

Ihr Standpunkt hat sich verschoben, es ist wie beim Mond:

„Siehst du den Mond dort stehen
Er ist nur halb zu sehen
und ist doch rund und schön.“

(Matthias Claudius)

Sie werden Mühe haben, eine Sache zu beurteilen. Verschieben Sie Entscheidungen, soweit das möglich ist. Machen Sie aber auch keine schon getroffenen Entscheidungen rückgängig.

Falls sich eine Entscheidung nicht verschieben lässt, erstellen Sie eine Entscheidungsbilanz, das heißt, schreiben Sie die Vor- und Nachteile der Möglichkeiten auf, unter denen Sie wählen müssen, und bewerten Sie (Bewertungsskala bis + 10 bzw. bis –10).

Eine schwer depressive Patientin musste sich zwischen zwei Altersheimen entscheiden:

Heim A

Vorteile		Nachteile	
Lage: mitten in der Stadt	10	Keine Sonne, düstere Umgebung	–10
da zentral gelegen, kommt man zu Fuß überallhin.	10	Weder Garten noch Balkon, keine Aussicht	–5
relativ große Zimmer	5	Betonwände	–10
nette Leiterin	7	Schäbige Aufenthaltsräume	–5
Gesamt	32		–30

Sie sehen, Vor- und Nachteile halten sich ungefähr die Waage.

Heim B

Vorteile		Nachteile	
große Wiese und Flusslandschaft vor dem Haus	10	Außerhalb des Stadtzentrums (2–3 Tramstationen)	–5
großer Balkon	7	Zimmer etwas kleiner als Heim A	–5
sonniges, helles Zimmer	10	Rauchverbot im Zimmer	–3
freundliche Aufenthaltsräume	7		
Gesamt	34		–13

Die Entscheidung fällt also deutlich für Heim B aus.

Eine Entscheidungsbilanz ist immer äußerst hilfreich. Man ist gezwungen, sich alles genau zu überlegen. Auf diese Weise wird es Ihnen auch in Ihrer momentan schwierigen Situation leichter fallen, eine absolut sachliche Entscheidung zu treffen, die Sie nicht bereuen werden.

20.

Schuldgefühle I

Fast alle Depressiven werden von Schuldgefühlen geplagt.

Schuldgefühle sind Ansprüche an sich selbst, denen man nicht genügen kann (oder will).

Versetzen Sie sich in die Situation eines meiner italienischen Patienten:

Stellen Sie sich vor, Ihre Eltern verlangen von Ihnen einen regelmäßigen Sonntags-Familienbesuch, natürlich mit üppigem Mittagessen. Ihre Frau stellt sich quer. Sie möchte mit Ihnen und den Kindern zusammen am Sonntag etwas unternehmen. Auch die Kinder stöhnen, sie finden es langweilig bei den Großeltern. Nun stehen Sie zwischen Hammer und Amboss. Wie auch immer Sie sich entscheiden, Sie werden jemanden enttäuschen, ihm womöglich sogar Leid zufügen.

Und Sie? – Ihnen bleibt das schlechte Gewissen.

Sie versuchen einen Kompromiss zu finden: Nur noch einen Sonntag im Monat bei den Eltern verbringen. Jetzt beginnen die Eltern die Geburtstage der ganzen Familie (Kinder und Kindeskinder inbegriffen) auf den Sonntag zu verlegen, um sie zu feiern. Das ist ja gut gemeint. Aber Ihre Frau schmollt, die Kinder motzen.

Sie haben jetzt beschlossen, so zu entscheiden, wie Sie es für richtig halten, nämlich für Ihre eigene Familie.

Aber nun kommen die Schuldprobleme auf Sie zu und lassen Sie nicht mehr schlafen. Eigentlich sind es Ansprüche, die Ihre Eltern an Sie stellen und denen Sie nicht mehr genügen wollen und auch nicht müssen.

Das ist klar, aber wie sollen Sie sich innerlich davon befreien?

Solange Sie sich mit Schuldgefühlen plagen, wird Ihnen keine Lösung einfallen. Ihr Blick ist zurückgewandt. So können Sie nicht zukunftsorientiert denken. Sogar wenn Sie Fehler gemacht haben, hilft es niemandem, wenn Sie sich in Schuldgefühlen verstricken. Das heißt nicht, dass Sie Ihre Fehler auf die leichte Schulter nehmen sollen, Sie müssen sie gründlich überdenken, aber nur, um es in Zukunft besser zu machen!

In einem Vortrag über Psychologie und Religion lernte ich folgende Auslegung des Gleichnisses von Lot und seiner Frau kennen:

In Sodom und Gomorrha lebten die Menschen zum größten Missfallen Gottes. Gott beschloss, die beiden Städte zu verderben und redete darüber mit seinem Freund Abraham.

Trotz Abrahams Fürbitte wurde nur sein Bruder Lot mit seiner Familie gerettet. Er durfte fliehen unter der Bedingung, während der Flucht nicht zurückzuschauen. Lots Frau hielt sich nicht an den Befehl, sie schaute zurück und erstarrte zur Salzsäule. Mit anderen Worten: Sie schaute zurück auf die Schuld und erstarrte, versteinerte. Sie konnte sich nicht mehr nach vorne bewegen.

Es ist also falsch (und nicht gottgewollt), wenn wir in unseren Schuldgefühlen erstarren. Schuldgefühle bringen uns neue Hindernisse, die sich weder für uns noch für andere positiv auswirken. Deshalb sollten wir sie als unnötigen Ballast über Bord werfen.

Anders ist es mit der Reue. Man bedauert seine Fehler, man kann auch bedauern, dass man nicht jedermann zufrieden stellen kann (vgl. das oben geschilderte Familienproblem). Aber dabei bleibt es nicht. Man richtet den Blick nach vorne, macht es besser und sucht die entsprechenden Lösungen.

21.

Das positive und das negative Denken

Auf dem nachfolgenden Bild ist ein Luftballon dargestellt. Vor kurzem ist er aufgestiegen.

Die Zuschauer, die sich am linken Bildrand bzw. im Westen befinden, sehen ihn schwarz, und zwar völlig schwarz. Von ihrem Standpunkt aus betrachtet ist er schwarz.

Die Leute am rechten Bildrand sehen ihn weiß, vollkommen weiß. Von ihrem Standpunkt aus können sie ihn gar nicht anders als weiß sehen.

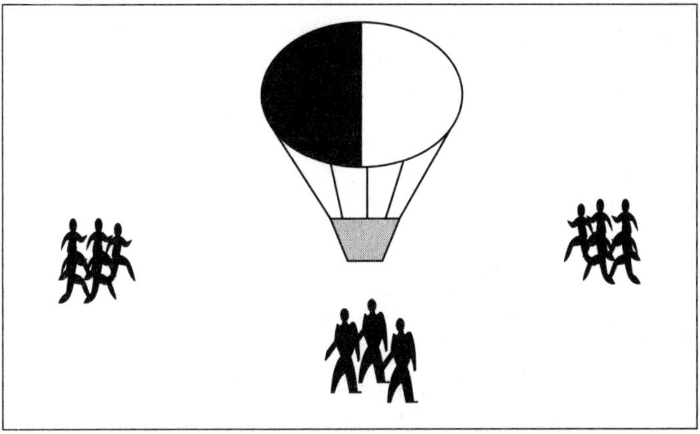

Nur die Menschen, die im Süden und im Norden stehen, sehen den Ballon, wie er wirklich ist, nämlich halb schwarz, halb weiß. Wenn jedoch die Menschen im Osten und im Westen ihren Standpunkt verrücken, können sie die Wirklichkeit ebenfalls sehen.

Nun ist unsere Sicht der Dinge wirklich sehr oft abhängig von unserem privaten Standpunkt. Wir können sogar unsere private Logik haben. Wenn man in einer Depression steckt, sieht man bekanntlich alles schwarz, man wird geradezu von negativen Gedanken überschwemmt. Ein Psychiater sagte einmal zu einer Patientin: „Wenn Sie unter der Dachtraufe stehen und aus dieser platscht Wasser auf Sie herunter, dann spannen Sie nicht den Regenschirm auf, Sie wechseln den Standort."

Sicher tun Sie das. Aber ist das immer so einfach? Mit anderen Worten: Um den Standort zu wechseln, müssen Sie positiv denken. Es gibt Methoden und Bücher, die mit diesem System arbeiten. So die Methode Coués[4], dessen Patienten sich jeden Tag sagen mussten: „Es geht mir gut, es geht mir jeden Tag besser." Oft ist es wirklich so. Wir können die heutige Welt als schlimm betrachten – die Gründe dafür brauche ich nicht zu erläutern, sie stehen in jeder Zeitung. Wir können aber auch sehen, um wie viel besser die Welt gegenüber früher geworden ist. Wenn auch die Menschenrechte nicht überall respektiert werden, so wissen wir doch alle, dass sie berechtigt sind. In vielen Fällen hilft es, den Standort zu wechseln, aber nicht immer!

Es gibt Situationen, in denen der Patient sich eingestehen muss, dass nicht er ein Pessimist ist, sondern dass er sich wirklich in einer schlimmen Lage befindet, und dass er sie so sehen muss, wie sie ist. Es wäre falsch, hier die Situation nicht als Realität anzuerkennen. Kein Arzt kann eine Krankheit heilen ohne eine exakte Diagnose.

Es braucht Mut, eine solche Situation zu sehen, wie sie ist. Aber es braucht noch mehr Mut, sie zu akzeptieren.

Die wenigsten Menschen können eine Situation oder einen Mitmenschen so akzeptieren, wie er ist. Das bedeutet, sie können die Realität nicht hinnehmen.

Wenn man die Realität nicht akzeptieren kann, kann man auch die vielen Möglichkeiten und Alternativen nicht sehen, die immer vorhanden sind!

Es gibt einen Spruch, der genau dies besagt. Meine Mutter schrieb ihn mir in mein Poesiealbum, als ich ein Kind war!

> „Schick dich in die Welt hinein,
>
> Denn dein Kopf ist viel zu klein,
>
> Als dass sich schickt die Welt hinein."

Dazu ein Beispiel: Ein junger Mediziner[5] wurde während des Zweiten Weltkrieges im KZ Auschwitz interniert. Er hatte einen enormen Überlebenswillen. Er fühlte seine Kräfte schwinden, aber er wollte um jeden Preis überleben. Also begann er über seine Lage nachzudenken; die war stabil. Er konnte nichts daran ändern. „Der einzig variable Faktor im System bin ich selber", fand er heraus, „nur über mich selber kann ich bestimmen." Er versuchte zu ermitteln, wo er Energie sparen könnte, und stellte fest, dass er sich durch den Hass auf die SS-Wärter sehr schwächte. Also begann er, seinen Hass abzubauen. Wie? Er wurde sich klar darüber, dass er, falls er überlebte, seine Peiniger gar nicht bestrafen wollte. Sie wären ihm gleichgültig, weil er ja viel zu glücklich wäre, frei zu sein. Also, folgerte er, wenn man glücklich ist, will man niemanden unglücklich machen. Offenbar machen nur unglückliche Menschen andere unglücklich. Demzufolge müssen die SS-Soldaten wesentlich unglücklicher sein als ich. Als er zu diesem Schluss gekommen war, konnte er von seinem Hass lassen, er empfand nun sogar Mitleid für die Wärter. Dadurch wurde er innerlich frei und fühlte sich erheblich besser und stärker.

Die Geschichte hat ein Nachspiel. Offenbar hatte er den von Hass und Angst erfüllten Konzentrationslagerblick verloren. Dies musste den Wärtern aufgefallen sein. Sie verhalfen ihm zur Versetzung in ein anderes Lager, wo er überlebte.

Ich möchte wiederholen: Nur wer die Realität sieht und akzeptiert, kann Alternativen und Möglichkeiten erkennen und Lösungen finden.

Es ist also wichtig, unseren Standpunkt so zu wählen (oder zu verrücken), dass wir den ganzen Ballon sehen und nicht nur die eine Seite, sei sie nun schwarz oder weiß.

Sechste Übung:

Schreiben Sie nochmals mindestens drei Stärken auf – wenn möglich auch mehr.

22.

Das Unbewusste oder das Unterbewusstsein

Das Unterbewusstsein kann uns helfend beistehen. Oder aber Bewusstsein und Unterbewusstsein bekämpfen sich. Das bedeutet einen enormen Kräfteverschleiß. Das passiert z.B., wenn Ihr Bewusstsein befiehlt: „Du musst turnen gehen", und Ihr Unterbewusstsein antwortet: „Dazu hast du jetzt sicher keine Kraft."

Ein Schüler wurde zum Rektor gebracht. Der Junge war zehn Jahre alt. Er hatte die leidige Gewohnheit angenommen, in Tränen auszubrechen, wenn man ihn ansprach. Je mehr er sich dagegen wehrte, desto heftiger weinte er. Es war ihm schrecklich unangenehm. Eltern und Lehrer waren beunruhigt und ratlos. Der Rektor war auch als Schulpsychologe ausgebildet. Er drückte dem Knaben eine Münze in die Hand und forderte ihn auf, möglichst viele und große Tränen zu vergießen. Der Schüler stoppte abrupt sein Weinen und war nicht mehr imstande, auch nur eine einzige Träne zu produzieren.

Was war geschehen? Bewusst wollte der Schüler sicher nicht weinen. Im Gegenteil, er genierte sich. Aber sein Unterbewusstsein ließ ihn wissen, dass er unfähig sei, damit aufzuhören. Im Moment, da Bewusstsein und Unterbewusstsein am selben Strang zogen, war das Weinen vorbei. (Methode der paradoxalen Intention, V. Frankl)

Es ist also sicher nicht falsch, wenn wir uns etwas näher mit dem Unterbewusstsein befassen. Mitunter kann es sogar sehr hilfreich sein.

Z. B. in Bezug auf unsere Träume:

Unsere Traumwelt befasst sich mit unserer inneren Welt, mit unseren innersten Gedanken. Träume sind keine Weissagungen. Sie werden uns auch nicht zugeschickt. Sie entstehen in uns: Wir denken sie, wir inszenieren sie auch. Wir sind also zugleich Drehbuchautor, Regisseur und Schauspieler.

Deshalb kann man im Allgemeinen nicht den Traum, sondern nur den Träumer deuten.

Nun gibt es aber die so genannten Wiederholungsträume. Man träumt sie immer wieder. Diese Träume kann man leicht deuten, denn sie sprechen in Symbolen. Diese Symbole bedeuten für alle Menschen des westlichen Kulturkreises dasselbe. Deshalb ist es sinnlos, ein arabisches Traumbuch zu lesen, wenn es auch noch so farbig und interessant ist.

Kleines Brevier der Traumdeutung

Angst:
Meist erscheinen im Traum schwarze oder dunkle Gestalten, oft schwarze Tiere, vor allem Hunde, die manchmal unter dem Bett versteckt sind. Vor allem Kinder – aber nicht nur sie – haben Angstträume.

Solche Träume weisen auf eine dumpfe, undefinierbare Lebensangst hin.

Flug:
Im Traum kann man fliegen – mit oder ohne Flugzeug. Man kann mehr als die anderen. Das bedeutet Ehrgeiz.

Auf einen Berg oder Turm steigen:
Ehrgeiz, aber man erreicht sein Ziel mit viel mehr Mühe als beim Fliegen, man muss sich anstrengen.

Fall:
Ehrgeiz kommt vor dem Fall. Vor allem bei Flugträumen hängt sich leicht ein Falltraum an. Meist stürzt man in einen Abgrund und erwacht kurz vor dem Aufprall.

Verfolgt werden:
- von Tieren: Man fühlt sich vom Schicksal oder von der gefährlichen Umwelt bedroht.
- von Menschen: Man darf ihnen nicht trauen, sie könnten Böses im Sinn haben und gefährlich sein.
- von Männern mit Messern: Angst vor sexueller Gewalt.

Hindernisse:
Das Leben ist mühsam.

Ertrinken:
Angst vor dem Untergehen. Es kann einem aber auch pudelwohl sein im Wasser, und man schwimmt unbeschwert: Man kommt mit dem Leben gut zurecht.

Verlegenheit:
Man befindet sich in einer beschämenden Situation. Manchmal trägt man die falschen Kleider, manchmal ist man nackt.

Bedeutung: Man will sich keine Blöße geben, hat Angst vor der Blamage. Manchmal will man auch nicht sagen, was man denkt oder fühlt.

Bahnhof:
Man kommt zu spät, verpasst den Zug, das heißt, man lebt nicht richtig, das Leben geht an einem vorbei.

Oder man nimmt den falschen Zug, das bedeutet, man hat den falschen Weg genommen, die falsche Entscheidung getroffen.

Träume mit sexuellem Inhalt:
Mit dem eigenen Partner: Es können Wunschträume sein. Es kann aber auch heißen, man möchte dem geliebten Partner sehr nahe sein.

Mit einem anderen Partner (der evtl. gesichtslos oder unbekannt ist): Training gegen den aktuellen Partner, man will von ihm wegkommen.

Schule:
Man muss wieder zur Schule gehen, das heißt, man hat im Leben noch einiges zu lernen.

Examen:
Man muss beweisen, dass man es schafft, oder man hat Angst vor dem Gegenteil.

Verluste:
Man verliert sein Fahrzeug (Auto, Fahrrad etc.): Man verliert das Lebensvehikel, man ist hilflos.

Haare oder Zähne verlieren:
Man hat Angst, Kraft zu verlieren, Angst vor dem Alter.

Tiere:
Pferde (die meistens gebändigt werden müssen) sind Triebe, meistens Sexualtriebe.
Schlangen und Spinnen: Sie bedeuten das Böse (Schlangen

sind in unserem Kulturkreis nicht, wie Freud meinte, Kraftspender).

Todesträume:
Sie bedeuten nie den materiellen Tod (echte Todesträume sind immer verschlüsselt und sind von Laien nicht erkennbar).

Der eigene Tod bedeutet: Man will sein Leben ändern.

Jemand anderes stirbt: Dies ist eher selten ein Angsttraum. Meistens will man sich von der betreffenden Person lösen.

Merke: Ein Traum ist keine Eingebung. Er erklärt nur, was wir im gegenwärtigen Moment denken und fühlen.

Oft wissen wir etwas – unbewusst, aber wir verstehen es nicht. Wenn wir uns auf die Spur unserer Träume begeben, haben wir die Möglichkeit, uns selbst besser kennen zu lernen.

L. Gold (USA) arbeitete intensiv mit Träumen. Er hielt seine Patienten dazu an, schlechte Träume umzudeuten, das heißt, ihnen ein gutes Ende anzuhängen oder das Schlechte auszutauschen. Auf diese Weise kann es gelingen, das Unterbewusstsein umzupolen, vom Negativen ins Positive.

Beispiel einer Umdeutung:
Ich stürze in einen Abgrund und erwache.

Dazu gedachter Schluss: auf meinem Rücken öffnet sich ein roter Fallschirm, und ich lande mitten in einer Menschenmenge, die eine Demonstration veranstaltet. Man begrüßt mich begeistert und drückt mir ein Plakat in die Hand: „Esst Bio-Gemüse!“

Das ist eine geniale und sehr hilfreiche Methode, die ich Ihnen wärmstens empfehlen kann.

Sie vergessen Ihre Träume sofort nach dem Aufwachen? Legen Sie einen Notizblock mit Bleistift auf Ihren Nachttisch. Sobald Sie aufwachen, bewegen Sie sich nicht und rekapitulieren sorgfältig den Traum. Danach schreiben Sie ihn in Stichworten auf. Am nächsten Morgen werden Sie ihn analysieren können und eventuell das schaurige Ende gegen ein freundliches austauschen.

23.

Die Wirkung der Gedanken

Legen Sie die im Anhang (S. 152) beigefügte Abbildung mit dem Kreis vor sich auf den Tisch.

Siebte Übung[6]:

Ziehen Sie einen ca. 60 cm langen Faden durch einen Anhänger oder einen Ring. Binden Sie die beiden Fadenenden zusammen und nehmen Sie diese zwischen Ihre beiden Mittelfinger oder zwischen Daumen und Zeigefinger. Stützen Sie die Ellenbogen auf den Tisch, so dass das Pendel etwa 2–5 cm über dem Kreismittelpunkt hängt, den Sie deshalb nicht mehr sehen können. Blicken Sie nun, wenn möglich ohne Anstrengung, auf die Linie 3–9. Konzentrieren Sie sich ganz auf diese Linie und behalten Sie dabei das Pendel im Auge. Folgen Sie in Gedanken immer nur dieser Linie, aber bewegen Sie das Pendel nicht. Nach einigen Sekunden, spätestens nach einigen Minuten, beginnt das Pendel in der von Ihnen gewählten Richtung zu schwingen. Lassen Sie das Pendel eine Weile der Linie entlang schwingen, dann denken Sie an den anderen Durchmesser. Einige Zeit danach wird das Pendel die Richtung ändern. Nun fassen Sie den Kreis ins Auge – das Pendel wird zu kreisen beginnen.

Sie sehen, Ihre Gedanken steuern Ihre Nerven und Muskeln. Der Entscheid liegt also tatsächlich bei Ihnen – in Ihrem Kopf.

24.

Der Wille

„Wo ein Wille ist, ist auch ein Weg." – „Reiß dich am Riemen, dann geht es schon." – „Wollen ist können."

Alles falsch!

Versuchen Sie einmal gezielt, einzuschlafen. Sie werden wach bleiben.

Versuchen Sie, eine ganze Nacht zu durchwachen. Sie werden einschlafen.

90 Prozent unserer Organe sind von unserem Willen *unabhängig*. Versuchen Sie, nicht mehr zu schlucken oder aufzuhören zu blinzeln. Wenn Sie etwas wollen, mit Ihrem Willen durchzusetzen versuchen, entsteht eine Spannung. Sie kämpfen gegen sich selbst. Dann geht gar nichts mehr, wenn Sie auch noch so sehr wollen.

Achte Übung:

Nehmen Sie nochmals den Kreis zur Hand und pendeln Sie. Wenn sich das Pendel nun richtig gut bewegt, denken Sie: „Ich will es anhalten", dabei konzentrieren Sie sich weiter auf die Diagonalen oder auf die Kreise.

Versuchen Sie mit aller Anstrengung, die Hand so ruhig zu halten, dass das Pendel stehen bleibt. Wenn Sie dies richtig wollen, werden Sie sehen, dass das Pendel die Bewegung noch verstärkt.

Wenn Sie jetzt aufhören, sich anzustrengen, sondern nur noch den Mittelpunkt des Kreises anschauen mit dem Gedanken des Stillstehens, vermindert das Pendel seine Bewegung und wird bald stillstehen. Sie sehen: Sobald Sie sich auf den Mittelpunkt konzentrieren, bleibt das Pendel stehen. Konzentrieren Sie sich aber auf eine der beiden Linien, kann das Pendel nicht stehen bleiben, auch wenn Sie dies noch so sehr wollen. Hier steuern Wille und Unterbewusstsein in die entgegengesetzte Richtung.

Ein noch einfacheres Experiment: Haken Sie Ihre Hände auf Brusthöhe ineinander ein. Jetzt ziehen Sie mit der linken Hand nach links, mit der rechten nach rechts. Was passiert? Nichts. Sie werden nur müde, aber Sie bewegen nichts!

Es ist wie mit den Gedanken: Wir können gegen trübe Gedanken nicht kämpfen oder sie unterdrücken, wie sehr wir das auch wollen mögen. Wir können sie aber ersetzen durch gute Gedanken. Wir können uns entschließen, uns abzulenken, indem wir uns für etwas anderes interessieren, bewusst an etwas anderes denken.

25.

Wie eine Meinung entsteht

In Basel brannte einmal eine chemische Fabrik: Die Chemie-Katastrophe von Schweizerhalle. Seitens der chemischen Industrie und der Stadt wurde jede Vorsichtsmaßnahme getroffen. Das Radio gab ununterbrochen Warnungen durch: Die Leute sollten die Fenster geschlossen halten, die Kinder – welch unerwartete Freude – sollten nicht zur Schule gehen. Polizeifahrzeuge patrouillierten mit Lautsprechern und verbreiteten dieselben Warnungen und Anordnungen.

Es gab aber verstopfte Ausfallstraßen, weil viele Leute aus der Stadt zu flüchten versuchten. Intelligente Manager versteckten sich mit einem Tuch vor dem Mund unter dem Bett, andere bekamen fürchterliche Kopfschmerzen, wieder andere Nervenzusammenbrüche.

Das ganze Drama endete völlig harmlos. Außer einem unangenehmen Gestank waren keine Schäden oder Nachteile zu verzeichnen.

Wie entstanden nun die Meinungen und Vorstellungen rund um die Katastrophe?

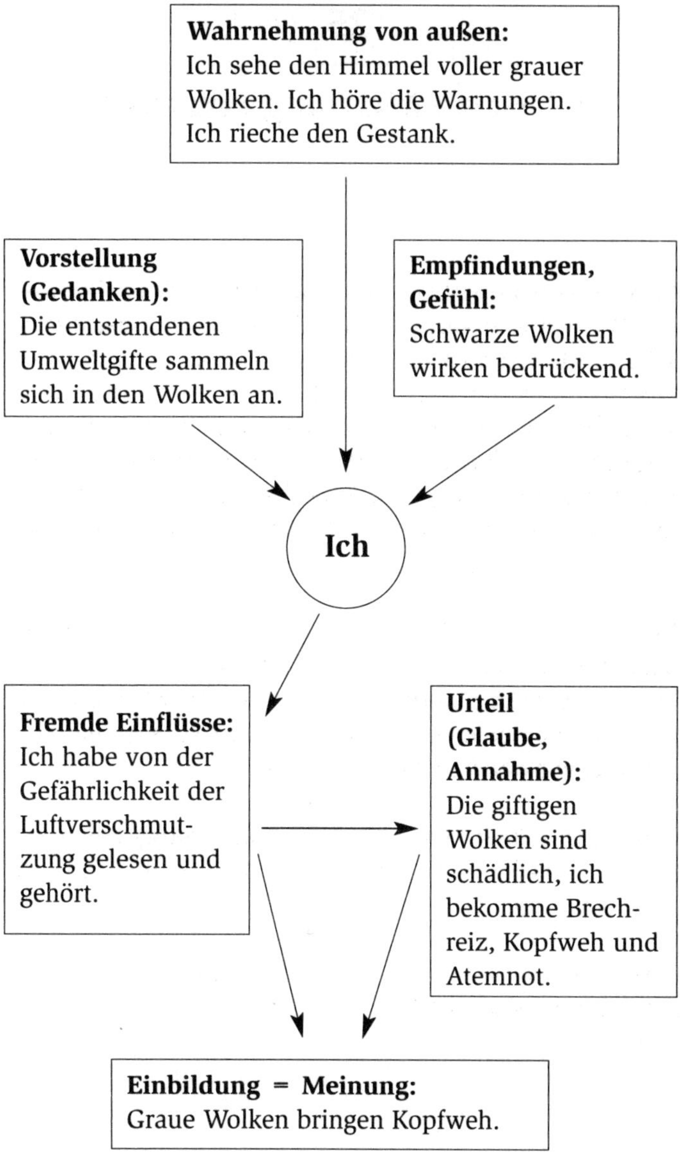
Wahrnehmung von außen:
Ich sehe den Himmel voller grauer Wolken. Ich höre die Warnungen. Ich rieche den Gestank.
Vorstellung (Gedanken):
Die entstandenen Umweltgifte sammeln sich in den Wolken an.
Empfindungen, Gefühl:
Schwarze Wolken wirken bedrückend.
Ich
Fremde Einflüsse:
Ich habe von der Gefährlichkeit der Luftverschmutzung gelesen und gehört.
Urteil (Glaube, Annahme):
Die giftigen Wolken sind schädlich, ich bekomme Brechreiz, Kopfweh und Atemnot.
Einbildung = Meinung:
Graue Wolken bringen Kopfweh.

Es sind nicht die Dinge, die uns stören, sondern die Meinung, die wir von ihnen haben.[7]

Und nun noch eine passende Anekdote zur Auflockerung dazu:

Zum Arzt kam ein Schuster, der unter starken Schmerzen litt und dem Tode nahe schien. Der Arzt gab sich Mühe, fand aber kein Rezept, das noch hätte helfen können. Ängstlich fragte der Patient: „Gibt es nichts mehr, was mich retten kann?" Der Arzt antwortete: „Ich kenne leider keine anderen Mittel." Darauf antwortete der Schuster: „Wenn nichts mehr hilft, dann habe ich zum Schluss noch einen Wunsch. Ich möchte einen Eintopf mit zwei Kilo dicken Bohnen und einem Liter Essig." Der Arzt hob resigniert die Schultern: „Ich halte nicht viel davon, aber wenn Sie meinen, können sie es versuchen." Die Nacht über wartete der Arzt auf die Todesnachricht. Am nächsten Morgen aber war der Schuster zum Erstaunen des Arztes quicklebendig und gesund. So schrieb er in sein Tagebuch: „Heute kam ein Schuster zu mir, für den es kein Mittel mehr gab. Aber zwei Kilo Bohnen und ein Liter Essig haben ihm geholfen."

Kurze Zeit darauf wurde der Arzt zu einem schwer kranken Schneider gerufen. Auch in diesem Fall war er am Ende seiner Kunst. Als ehrlicher Mann gestand er dem Schneider dies ein. Der bettelte: „Wissen Sie nicht doch noch eine andere Möglichkeit?" Der Arzt dachte nach und sagte: „Nein, aber vor nicht allzu langer Zeit kam ein Schuster zu mir, der unter ähnlichen Beschwerden litt wie Sie. Ihm halfen zwei Kilo Bohnen und ein Liter Essig." „Wenn nichts mehr hilft, werde ich das halt versuchen", antwortete der Schneider. Er aß die Bohnen mit Essig und war am nächsten Tag tot. Daraufhin schrieb der Arzt in sein Tagebuch: „Gestern kam ein Schneider zu mir. Ihm war nicht zu helfen. Er aß zwei Kilo dicke Bohnen mit einem Liter Essig und er starb. Was für die Schuster gut ist, ist nicht gut für die Schneider.“[8]

26.

Schlechte Laune

Früher hatte ich oft schlechte Laune. Plötzlich war sie da, wie angeflogen, und ich wusste nicht warum. Ich war launisch. Das war mir sehr hinderlich. Weder erkannte ich den Grund dafür noch wusste ich, wie ich diese schlechte Stimmung verscheuchen könnte.

Ich setzte mich hin und konzentrierte mich auf die letzten Gedanken, die mir vor dem „Anfall" durch den Kopf gegangen waren. Anfangs war dies eine sehr mühevolle Denkarbeit – aber ich fand es heraus: Es handelte sich immer um etwas Unangenehmes, das mir – kaum bewusst und wahrgenommen – durch den Hinterkopf getrottet war, z.B. etwas, das ich hätte tun sollen, oder eine Erinnerung an eine unangenehme Situation etc.

Nun wusste ich, was ich zu tun hatte, und allein durch dieses Wissen verschwand schon die schlechte Laune. Heute bin ich so geübt, dass ich sofort weiß, was mit mir los ist.

Versuchen Sie, meine Methode anzuwenden, wenn schwarze Gedanken Sie grundlos zu überschwemmen drohen. Oft hat man einen Brief nicht geschrieben, ein Telefonat noch nicht erledigt, man denkt an ein widerfahrenes Unrecht, an eine Blamage usw.

Erst wenn mir meine Gedanken bewusst werden, kann ich Lösungen finden. Deshalb bringt es nur Vorteile, wenn ich sie ans Licht des Bewusstseins ziehe.

27.

Hemmungen und wie man sich davon befreien kann

Hemmungen basieren auf Ängsten. Man hat Angst, sich zu blamieren. Während der ersten drei Schuljahre war ich fast krank vor Hemmungen. Ich glaubte unentwegt, mich blamiert zu haben und wurde knallrot, wenn ich nur an die vermeintliche Blamage *dachte*, sogar wenn ich ganz allein war. Ich vermied es zu sprechen, aus Angst, mich zu blamieren. „Sie ist halt ein verträumtes Kind“, hieß es dann.

Zu Hause stieß ich in einer Illustrierten einmal auf ungefähr zwei Seiten Porträt-Bilder, in Passfotogröße abgedruckt: Hollywoodstars, die alle unter einer für sie sehr hinderlichen Eigenschaft litten: Sie waren schüchtern und gehemmt. Da hatten sie die großartige Idee, einen Blamageclub zu gründen. Wer beitrat, musste sich verpflichten, sich jeden Tag mindestens einmal absichtlich zu blamieren, als Training. Mit dieser Methode konnten sich die Stars von ihren Hemmungen befreien.

Das war für mich eine Offenbarung! Ich beschloss, diesem Club beizutreten, als stilles Mitglied sozusagen. Nun hatte ich aber keineswegs den Mut, mich absichtlich zu blamieren. Aber jedes Mal, wenn mich wieder dieses Gefühl überkam, sagte ich mir: „Das habe ich absichtlich gesagt, ich bin ja nun im Blamageclub.“ Natürlich log ich mich selbst an, und trotzdem – es nützte. Denn ich begann, mich selbst weniger ernst zu nehmen und lernte mit der Zeit sogar, über mich selbst zu lachen.

Es ist aber keinesfalls so, dass mir jede peinliche Situation erspart bleibt. Für diesen Fall kann ich eine weitere, sehr gute Methode empfehlen, nämlich:

Die Flucht nach vorne

Es hilft, wenn Sie Ihre Hemmungen direkt aussprechen, zum Beispiel: „Es ist mir äußerst peinlich ..., ich habe die größten Hemmungen, ... Sie sehen ja, ich erröte. Normalerweise habe ich trockene Hände, aber im Moment leide ich unter Angstschweiß, ich bin so aufgeregt ..." usw.

Die Angesprochenen reagieren immer positiv und versuchen zu helfen, Ihnen wieder ein gutes Gefühl und Sicherheit zu geben, und Sie selbst verlieren sofort Ihre Hemmungen.

An einem Kurs oder an einer Einladung mit lauter völlig fremden Menschen kann man sich auch so vorstellen: „Mein Name ist XY. Ich möchte Sie gerne kennen lernen. Aber wissen Sie, es ist schwierig für mich, ein Gespräch anzufangen, denn ich bin schüchtern und gehemmt."

Eine solche Einleitung kann mit einem Sprung vom 5-Meter-Turm ins kalte Wasser verglichen werden. Es braucht Mut – aber nur einen Moment lang.

Einen ganzen Abend lang herumzustehen und sich zu fragen, ob man schlecht angezogen, unattraktiv oder langweilig sei, braucht vielleicht weniger Mut, aber ungeheuerlich viel mehr Kraft!

Ist es nicht einfacher, sich für seine Mitmenschen zu interessieren, als sich mit Selbstbetrachtungen zu beschäftigen, die stets zum eigenen Nachteil ausfallen? Eigentlich misst man sich selbst die allergrößte Wichtigkeit zu, auch wenn man sich dessen gar nicht bewusst ist. Also seien wir etwas bescheidener, vergessen wir uns selbst und wenden wir uns den anderen zu. Die meisten Leute sind tatsächlich viel weniger an uns interessiert, als wir glauben.

Viele meiner Patienten haben Angst, ein öffentliches Lokal zu betreten: „Ich habe das Gefühl, alle starren mich an."

Das stimmt: Jeder, der den Neuankömmling bemerkt, dreht den Kopf in seine Richtung. Bei dieser Kopfbewegung handelt es sich jedoch um einen Sicherheitsreflex aus grauer Vorzeit. Freund oder Feind? Gefährlich oder harmlos?

Wenn Ihre Ungefährlichkeit festgestellt worden ist, wird sich niemand mehr für Sie interessieren. Man wird sich weder an Ihr Gesicht, noch an Ihre Kleidung erinnern. (Dies wurde sogar in wissenschaftlichen Studien festgestellt.)

Also fassen Sie Mut und bleiben Sie nicht vor lauter Hemmungen zu Hause sitzen. Gehen Sie unter die Leute, Sie sind Ihnen zunächst einmal wohlgesinnt. Der Mensch der Vorzeit konnte nur in Gemeinschaft mit anderen Menschen überleben. Alleine wäre er gestorben. Wir sind noch immer alle aufeinander angewiesen. Deshalb sind wir einander primär wohlgesinnt, schlimmstenfalls uninteressiert aneinander. Aber ein normaler Mensch ist den anderen gegenüber niemals feindselig eingestellt.

28.

Die 12 Gebote der Entmutigung[9]

1. Ich muss von allen Mitmenschen geliebt und akzeptiert werden.
2. Ich muss absolut kompetent sein und darf keine Fehler machen.
3. Viele Menschen sind böse, feige und hinterhältig und müssen bestraft werden.
4. Es muss alles so herauskommen, wie ich es mir wünsche, sonst gibt es eine Katastrophe.
5. Unglück kommt von außen, deshalb muss ich mich dagegen absichern.
6. Jeder muss sich aufregen und sorgen über die gefahrvolle und Angst erregende Umwelt.
7. Ich muss Verantwortung und Schwierigkeiten ausweichen.
8. Ich muss ein Recht haben auf die Hilfe anderer Leute, und diese müssen glücklich sein, wenn sie mir helfen dürfen.
9. Meine unglücklichen Kindheitserlebnisse müssen mein Leben weiterhin beeinflussen.
10. Ich muss mich über meine eigenen Probleme und die anderer Leute aufregen.

11. Es muss doch ein präzises Recht geben und eine perfekte Lösung. Es wäre schlimm, diese nicht zu finden.
12. Die Welt muss gerecht sein, und die Gnade muss triumphieren.

In der Folge werde ich einige dieser Gebote, die für eine Depression besonders wichtig sind, näher betrachten.

29.

Das erste Gebot: Ich muss von allen Menschen geliebt und akzeptiert werden

Müssen Sie das? – Ist das überhaupt möglich?

Oft wird mir geantwortet: „Ich will nur von den für mich wichtigen Menschen geliebt werden, von Angehörigen, Freunden, etc.“

Aber wie weit können Sie die Liebe der andern beeinflussen? Können Sie Ihre Mitmenschen dazu bringen, das zu tun oder zu denken, was *Sie* richtig finden?

Versuchen Sie das etwa, indem Sie den anderen nachgeben, alles herunterschlucken, sich niemals wehren? Allen Leuten recht getan, ist eine Kunst, die niemand kann. Es wird Ihnen nicht gelingen. Aber Sie werden dabei Ihre Persönlichkeit verlieren, und die anderen den Respekt.

Menschen, die allzu nachgiebig, allzu selbstlos sind, werden abhängig von den anderen. Ihr Selbstwert wird abhängig von der Liebe, die Ihnen die anderen entgegenbringen. Sie lassen sich versklaven. Sie werden niemanden zwingen können, Sie zu lieben. Je mehr Sie sich anstrengen, desto mehr werden Sie auch Ihre Selbstachtung verlieren. Aber ohne Selbstachtung können Sie nicht leben!

Also, da Sie ja niemanden zwingen können, Sie zu lieben, ist es doch wohl am besten, Sie kümmern sich überhaupt nicht mehr um Ihren Beliebtheitsgrad. Sie werden sowieso nie sicher wissen können, was die anderen wirklich für Sie empfinden.

Eine geschiedene Frau versuchte ihre Freundin darauf aufmerksam zu machen, dass Männer, die viel auf Geschäftsreisen sind, zur Untreue neigten. „Darüber habe ich nie Sicherheit", antwortete die Freundin. „Ich muss an die Treue meines Mannes glauben. Aber ich kann weder die Verantwortung für sein Betragen übernehmen noch habe ich die Macht, ihn zum richtigen Verhalten zu zwingen. Aus diesem Grund kann ich nicht einmal wissen, ob er mich wirklich liebt – ich kann es nur glauben. Über einen einzigen Menschen auf der ganzen Welt habe ich die absolute Macht, der bin ich selbst. Das heißt, ich habe die Macht, für mich Respekt zu verlangen. Wer mich nicht respektiert, steht bei mir auf verlorenem Posten, ich will nichts mehr mit ihm zu tun haben. Das gilt für alle und jeden. Auch für meinen Mann und für mich, ihm gegenüber."

Mir scheint diese Antwort richtig.

Jeder kann und darf, ja muss sogar Respekt verlangen.

Liebe kann nur auf dem Humus des Respekts gedeihen. Ohne diesen Nährboden welkt und stirbt sie.

„Geliebt werden wollen doch alle", werden Sie mir vielleicht antworten. Nein, für alle ist es angenehm, aber nicht für alle gleich wichtig. Es gibt Menschen, die wollen viel lieber beachtet werden. Anderen ist es wichtiger, befehlen zu können, sogar wenn sie dafür gehasst werden.

Aber:
Geliebt zu werden ist das Hauptanliegen, der Hauptwunsch der allermeisten Depressiven. Das macht Sie ja auch so liebenswert und sympathisch (wenigstens am Anfang der Bekanntschaft), und man hat in der Therapie keine Schwierigkeiten mit Ihnen. Sie tun alles für den Therapeuten und leider wenig für sich selbst.

Das ist gewissermaßen das Herz oder das Zentrum der Depression:

Man will gut sein, um geliebt zu werden.

Deshalb ist man bereit, zu dulden! Wenn man auf die linke Wange geschlagen wird, hält man die rechte auch noch hin. So steht es schließlich in der Bibel. Das ist nicht nur schmerzhaft, es ist mit der Zeit auch erniedrigend.

Schmerz + Erniedrigung führen zu
Trauer + Selbstwertverlust = Depression

Also lernen Sie, „Nein" zu sagen. Sie können dies freundlich tun, aber fest und bestimmt. Und sagen Sie es früh genug. Sobald Sie merken oder fühlen, dass man Sie benutzt oder ausnutzt. Hören Sie auf, sich aufzuopfern. Die anderen haben dies in den ganz allerwenigsten Fällen nötig, eigentlich nie. Das heißt nicht, dass Sie nun selber zum Egoisten werden und auf Kosten der anderen leben sollen.

Dafür, dass Sie Ihre Selbstachtung bewahren, sind Sie und nur Sie verantwortlich.

Neunte Übung – für mehr Selbstvertrauen und Selbstachtung:

1. Nicht ständig um Erlaubnis fragen und sich das Einverständnis der anderen holen.
2. Die anderen nicht für sich entscheiden lassen.
3. Offen über seine Gefühle sprechen.
4. Aufhören, sich nur dann glücklich zu fühlen, wenn es die andern auch sind.
5. Die eigenen Meinungen und Fähigkeiten entfalten (es ist nicht unsere Aufgabe, anderen zu gefallen).
6. Sich keine Schuldgefühle einreden lassen.
7. Sich die eigenen Gefühle nicht vorschreiben lassen.
8. Manipulationen sofort stoppen, wenn man sie bemerkt. Seine Gefühle darüber äußern (manchmal reicht es, wenn man die Manipulation direkt anspricht: „Ich fühle mich jetzt manipuliert oder zu etwas getrieben, was ich nicht will").

Dazu noch einen Rat: Lassen Sie sich nicht auf Erklärungen ein, da hakt der andere ein, und es kommt zur Diskussion. Das wollen Sie aber nicht, sondern Sie machen klar, wo für Sie eine Grenze verläuft.

Schreiben Sie die einzelnen Sätze auf Klebezettel und befestigen Sie diese neben den anderen. Für jede neue Woche gilt ein neuer Satz. Üben Sie diesen Satz eine ganze Woche lang. Notieren Sie in Ihrem Heft, ob und wie Sie es geschafft haben. Versuchen Sie, sich das richtige Verhalten einzuprägen.

30.

Das zweite Gebot: Ich muss kompetent sein und darf keine Fehler machen

Ich hatte einen Patienten, der mir erzählte, er habe seit seinem 15. Lebensjahr keinen Fehler mehr gemacht. Er war einziger Sohn und versuchte, alles für seine Eltern zu tun. Natürlich hatte er nicht geheiratet. Er hatte nur einen einzigen Freund, der im Sterben lag, als er zu mir kam. Mein Patient konnte nicht verstehen, dass Gott kein Einsehen und Erbarmen zeigte, nicht mit seinem Freund, sondern mit ihm. Er konnte den Verlust des einzigen nahe stehenden Menschen nicht ertragen, nachdem er schon seine Eltern verloren hatte und sich das ganze Leben so angestrengt hatte.

Sich sehr anzustrengen und nicht belohnt zu werden, kann ebenfalls eine zentrale Frage oder Grund einer Depression sein.

Angestrebte Fehlerlosigkeit verunsichert zudem den Menschen, er traut sich nichts mehr anzupacken, denn bei Misserfolgen fühlt er sich schuldig und beschämt.

Sein Selbstwert hängt von der Anerkennung ab, die man ihm entgegenbringt. Auch so ein Mensch ist nicht frei.

Während meines Studiums hatten die Professoren die Gewohnheit, uns mit ihren beruflichen Fehlern bekannt zu machen. Sie vertraten die Meinung, dass wir aus ihren Fehlern lernen könnten. Ein Nebeneffekt davon war, dass wir die größte Hochachtung für diese mutigen Lehrer hegten und sie für uns nicht nur beruflich Vorbilder waren, sondern auch als Menschen.

Rudolf Dreikurs, ein berühmter Psychiater, wurde einmal zu Lehrzwecken gefilmt, während er einen ca. zehnjährigen Jungen therapierte. Es unterlief ihm ein grundlegender Fehler, worauf man den Film mit einem anderen Patienten wiederholen wollte. Das wusste Dreikurs aber zu verhindern. Er erklärte seinen Fehler und gerade durch diesen Fehler wurde der Film einmalig und unvergesslich.

Die nachfolgenden Worte stammen von ihm:

Mut zur Unvollkommenheit

„Heute wuchert der Perfektionismus. Jeder wetteifert um eine moralische oder intellektuelle Überlegenheit. Deshalb ist es so gefährlich, Fehler zu machen.

Menschen, die verzweifelt versuchen, Fehler zu vermeiden, bringen sich selbst aber gerade in Gefahr. Dies aus folgenden Gründen:

Wenn jemand an eventuelle Fehler denkt, schadet er sich selbst, weil er sich entmutigt. Wir wissen aber, dass gerade Entmutigung die besten Voraussetzungen dafür schafft, Fehler zu machen. Wenn wir etwas richtig machen wollen, brauchen wir Selbstvertrauen. Kein Mensch, der sich mit allfälligen Fehlern befasst, hat Selbstvertrauen. Indem er an mögliche Fehler denkt, programmiert er sie.

Es hat keinen Sinn, über vergossene Milch zu weinen. Aber die meisten Menschen, die Fehler gemacht haben, fühlen sich schuldig. Sie verlieren das Vertrauen in ihre eigenen Fähigkeiten. Immer wieder konnte ich sehen, dass der eigentliche Schaden nicht etwa durch die begangenen Fehler angerichtet worden war, sondern durch das nachfolgende Schuldgefühl und die Entmutigung. Das heißt, man macht aus einer Fliege einen Elefanten.

Solange wir so sehr damit beschäftigt sind, über die Wichtigkeit unserer Fehler nachzudenken, vergessen wir völlig, darüber nachzudenken, wie wir es besser machen könnten!

Wir müssen uns im Klaren sein, dass wir gut genug sind, so wie wir sind.

Wir werden nie besser sein, auch wenn wir immer mehr Fähigkeiten entwickeln, mehr Diplome aufhängen, mehr Geld anhäufen und mehr an Status gewinnen.

Wenn wir nicht Frieden mit uns selbst machen können, so wie wir eben sind, werden wir überhaupt nie Frieden finden. Das aber erfordert Mut, nämlich **den Mut zur Unvollkommenheit, den Mut, nicht perfekt zu sein:**

„Ich bin kein Engel und kein Übermensch! Ich habe und mache Fehler. Aber ich bin gut genug, ja ganz gut, denn ich brauche ja nicht besser zu sein als die anderen.
Nobody is perfect!“

Das bedeutet eine enorme Erleichterung. Wenn wir versuchen, so zu funktionieren, dass wir stets unser Bestes geben, was immer es auch sei, ohne der/die Beste sein zu wollen, dann wird es uns viel besser gehen, als wenn wir versuchen, vollkommen zu sein."[10]

Der einzige Mensch, der niemals Fehler macht, ist einer, der niemals etwas tut.

Theodore Roosevelt

31.

Das neunte Gebot: Meine unglücklichen Kindheitserlebnisse müssen mein Leben beeinflussen

Ihre Kindheit ist vorbei. Als unglückliches Kind werden Sie sie meistens passiv erlebt haben. Für Kinder, die in einer glücklichen Umgebung aufwachsen, ist es viel einfacher, aktiv zu sein, etwas zu tun, zu unternehmen, weil sie ja dazu ermutigt werden. Sind Sie wirklich benachteiligt worden, so bedeutet das ein Handikap. Und es ist so: Alles, was Sie nicht gehabt haben, ist verloren, endgültig: die Geborgenheit, das Sich-angenommen-Fühlen, die Unbeschwertheit. Das ist leider eine Tatsache. Viele depressive Menschen suchen noch in späten Jahren nach ihrer Kindheit, nach der Mutterliebe oder nach der Akzeptanz des Vaters.

„Ich besuche meine Mutter jeden Sonntag im Altersheim", erzählte mir eine 52-jährige Tochter. „Meine Mutter freut sich immer sehr."

„Worüber sprechen Sie dann mit ihr?"

„Wir streiten, meine Mutter macht mir Vorwürfe."

„Wie fühlen Sie sich dann?"

„Mies – ich empfinde diese Vorwürfe als ungerecht. Ich fühle mich beleidigt, heruntergemacht. Schließlich tue ich alles für meine Mutter."

„Glauben Sie, Sie könnten Ihre Mutter dazu bringen, Sie zu lieben oder dankbar zu sein?“

„Wenn ich es mir überlege, eigentlich nicht. Sie war schon immer so, und nun ist sie alt.“

– Also, was kann man da tun?

Die Kindheit begraben, sich von der Mutter lösen. Sie sind jetzt erwachsen, Sie sind selbständig, Sie brauchen Ihre Mutter nicht mehr. Leben Sie nicht in der Vergangenheit! Umgeben Sie sich mit Menschen, mit denen Sie sich verstehen. Der Umgang mit den Mitmenschen soll eine Freude sein und kein Ärgernis. Denken Sie daran: Für die Vergangenheit sind Sie nicht verantwortlich. Als Kind wurden Sie da hineingeboren. Sie sind aber voll verantwortlich für das Hier und Jetzt.

Eine meiner depressiven Patientinnen hatte Schwierigkeiten mit ihrem Vater. Als er alt und gebrechlich wurde, merkte er doch tatsächlich, dass sie sich als einziges seiner Kinder um ihn sorgte, ihn sogar zu sich nach Hause nahm, als er krank wurde. Nach all den Jahren, in denen er seine Tochter mit Lieblosigkeit sowie Schimpf und Tadel bedacht hatte, bereute er dies und sprach ihr seinen Dank aus.

„Wissen Sie, heute ist mir das alles vollständig gleichgültig“, erzählte mir die Patientin, „jahrelang habe ich auf diesen Augenblick gewartet, und jetzt, wo er eingetroffen ist, brauche ich ihn nicht mehr. Ich bin frei geworden, ich brauche keine Dankbarkeit mehr. – Ich bin geheilt.“

Diese Frau hat seither (seit 20 Jahren) keine Depressionen mehr. Ihr Selbstwert hängt nicht mehr von der Anerkennung ihres Vaters ab. Von ihrer Kindheit hat sie sich endgültig verabschiedet.

Zum Schluss noch eine buddhistische Geschichte:

„Als Buddha im Sterben lag, besuchten ihn seine drei Lieblingsschüler. Sie baten ihn um ein letztes Wort auf den Weg.

Er sagte: ‚Blickt nicht zurück in die Vergangenheit, denn sie betrübt euch. Schaut nicht in die Zukunft, denn sie ist nebelhaft und verwirrt euch. Freut euch an der Gegenwart.'"

32.

Angst oder die Kraft der Erwartung

Heute ist Angst weit verbreitet. Jemand sagte einmal: „Man trägt Angst.“ Oft ist es eine diffuse Angst. Man weiß eigentlich nicht, was einen so ängstigt. Wenn es irgendwie möglich ist, versuchen Sie herauszufinden, wovor Sie Angst haben.

- Vor Krankheit? – Sie können sich absichern, indem Sie zum Arzt gehen und eine Rundum-Untersuchung verlangen.
- Vor Grippe? – Sie können sich impfen lassen.
- Vor Arbeitslosigkeit? – Sie können sparen und sich versichern, soweit dies möglich ist.
- Vor Einbrechern? – Sie können sich eine Alarmanlage kaufen.
- Versuchen Sie alles zu tun, um sich abzusichern.

Nun gibt es aber Ängste, gegen die es keine Gegenmittel gibt. Stellen Sie sich den schlimmsten Fall vor. Was könnte geschehen?

Ein Beispiel: Ihnen wird schlecht, mitten auf der Straße oder im Warenhaus unter vielen Menschen. Es wird schwarz vor ihren Augen, Sie fallen, Sie sind ohnmächtig.

Jemand wird aufmerksam, die Ambulanz wird geholt: Sie erwachen auf der Notfallstation des nächsten Krankenhauses. Vielleicht steht bereits ein Angehöriger am Bett, denn man hat Ihre Visitenkarte mit Ihrer Telefonnummer und Adresse in Ihrer Brieftasche gefunden.

Sie haben Angst, unangenehm aufgefallen zu sein. Im Gegenteil! Schon Machiavelli[11] riet seinem Fürsten: „Lass die Untertanen dir Gutes tun, sie werden dich dafür lieben."

Denken Sie den allerschlimmsten Fall durch bis ins Detail. Alles, was einem gut bekannt ist, wird viel weniger unheimlich.

Wenn Sie gläubig sind, haben Sie einen großen Vorteil: Sie wissen sich aufgehoben in Gottes Hand. Also, was kann Ihnen schon Schlimmes geschehen?

Nun sollen Sie aber nicht beim schlimmsten Fall stehen bleiben. Überlegen Sie sich stattdessen: Was ist Angst? Versuchen Sie, sich diese Frage zu beantworten. Was ist Angst ganz konkret?

Angst ist eine Erwartung. Die Erwartung des Schlimmen, der Misserfolge, der Katastrophen, die auf uns zukommen oder über uns hereinbrechen.

Was ist dann Hoffnung? Natürlich auch eine Erwartung. Aber die Erwartung des Guten, des Erfolges und des Schönen, das einem begegnen wird.

Also Angst ist eine Erwartung und Hoffnung ist eine Erwartung. Somit sind Angst und Hoffnung dasselbe. Nur *was* man erwartet, ist verschieden.

Ich kann genauso gut das Gute statt das Schlechte erwarten. Doch dazu muss ich üben.

Nehmen Sie eine Situation, vor der Sie Angst haben. Denken Sie diese durch. Nicht ein Mal, etliche Male. Dabei setzen Sie sich in einen bequemen Sessel, entspannen sich und stellen sich die Angst einflößende Situation vor. Zum Beispiel: Sie müssen zu einem Gespräch mit einem hochrangigen Vorgesetzten. Die wichtigsten Punkte haben Sie sich notiert. Sie stellen sich vor, wie er Sie freundlich empfängt, wie er lächelt. Er stellt Ihnen die erwarteten Fragen, die Sie ihm flüssig beantworten können. Es entwickelt sich ein Gespräch mit einer persönlichen Note. Sie verabschieden sich. Es war eine sehr angenehme Atmosphäre, Sie fühlen sich richtig wohl. Sie lassen das Gefühl des Wohlseins Sie durchströmen.

Das ist übrigens auch ein gutes Mittel für Schüler oder Studenten bei Prüfungsangst.

Es gibt viele Beispiele für die Kraft der Erwartung. Es ist bekannt, dass die Schamanen der Aborigines einen Mörder zum Tode verurteilen, indem sie ihm einfach mitteilen: In zwei Wochen bist du tot. Der Mörder stirbt tatsächlich zur angegebenen Zeit, aber nicht etwa weil der Schamane Zauberkräfte besitzt, sondern weil der Mörder selbst an die Prophezeiung glaubte.

Andererseits kennen Sie sicher den Placebo-Effekt. Man verabreicht einem Patienten Zuckertabletten anstelle des erwarteten Medikamentes. Die Erfolgsrate kann bei 75 Prozent liegen. Wenn aber der Arzt selbst nicht weiß, dass er Placebos verabreicht, kann die Erfolgsrate bis auf 90 Prozent steigen!

Anhand dieser Beispiele lässt sich die ungeheure Kraft der Erwartung klar erkennen.

Menschen, die im Leben vorwärts kommen, glauben an sich, das heißt, sie erwarten von sich selbst und durch sich selbst das Gute. Das bedeutet aber nicht, dass sie sicher sind. Der bekannte Psychotherapeut Erik Blumenthal pflegte zu sagen: „Glaube, aber stelle deinen Glauben auf nichts; es kann auch anders herauskommen."

Vergessen Sie nie: Angst und Hoffnung sind dasselbe – eine Erwartung. Was Sie erwarten wollen, liegt bei Ihnen. Aber üben müssen Sie. Denn jemand, der unter Angst leidet, hat in die falsche Richtung trainiert, ohne es zu wissen und ohne es zu wollen. Jetzt aber kennen Sie die Kraft der Erwartung und können sich darin üben, statt negativer mehr positive Dinge zu erwarten.

33.

Mut

Keine Angst zu haben bedeutet noch lange nicht, mutig zu sein.

Vor kurzem habe ich einen Einbrecher verjagt. Er stand ca. zwei Meter von mir entfernt. Es kam mir überhaupt nicht in den Sinn, dass er gefährlich sein könnte – aus reinem Mangel an Fantasie. Also, obwohl ich in meinem Bekanntenkreis als unerhört mutig gelobt wurde, bin ich das nicht.

Es gab eine Zeit, da wäre ich um keinen Preis vom 3- oder 5-Meter-Sprungbrett ins Wasser gesprungen, obwohl ich auch damals schon gerne schwamm. Ich hatte Angst. Dann trainierte ich mit einer Freundin zusammen während eines ganzen Sommers diese Sprünge. Zu Beginn des Herbstes waren weder das 3- noch das 5-Meter-Brett noch ein Problem für mich. Man kann Mut also trainieren.

Die meisten Depressiven haben Angst, unter Menschen zu gehen, sie sind kontaktscheu. Ein Mitschüler aus dem Gymnasium – er war schüchtern und linkisch – dachte sich vor dem Einschlafen Witze und Anekdoten aus, die er nach und nach unter den Klassenkameraden zum Besten gab. Übung macht den Meister! Nach einem Jahr war er der unterhaltsamste und meistgefragte Schüler der gesamten Schule. Er hatte seine Angst verloren.

So etwas geht schrittweise. Man beginnt etwa mit einem freundlichen „Guten Morgen“ in der Straßenbahn oder im Geschäft. Wenn keine Antwort zurückkommt, haben nicht Sie ein Problem, sondern der andere. Wahrscheinlich ist auch er schüchtern, aber vielleicht traut auch er sich mit der Zeit zu antworten. „Puh, wie es heute regnet“, oder „Was für ein schöner, sonniger Tag“ ist sicher keine sehr geistreiche Konversation, aber es ist ein Gesprächsanfang. Solche kleinen Sätze signalisieren Ihre Haltung zum Gegenüber: „Ich bin Dir freundlich gesinnt. Falls du mit mir sprechen willst, bitte, ich bin bereit.“

Wenn Sie Kontakt suchen, sollten Sie in Bus oder Straßenbahn nicht die Zeitung oder ein Buch lesen. Denn das würde signalisieren: „Ich möchte nicht gestört werden.“

Eine meiner jüngeren Patientinnen hatte Angst vor ihren Mitarbeitern, vor allem aber vor ihrem Chef. Ein wohlmeinender Freund empfahl ihr einen Schluck Alkohol vor Arbeitsbeginn. Sie schenkte sich ein winziges Gläschen Vermouth ein. Ein wohliges Gefühl breitete sich in ihr aus, sie fühlte sich sicherer. Leider musste sie nach relativ kurzer Zeit die Dosis erhöhen. Aus dem winzigen Gläschen wurden Gläser. Schließlich wechselte sie zu Cognac. Als auch dort eine massive Dosiserhöhung bevorstand, suchte sie mich auf. Nicht etwa, weil sie Alkoholikerin geworden wäre – das war sie nämlich nicht –, sondern weil der Anti-Angst-Effekt von immer kürzerer Dauer war und sich ihr Alkoholkonsum erhöhte.

Dasselbe passiert übrigens beim Missbrauch von Beruhigungsmitteln (Tranquilizer). Die Angst mit Tabletten zu bekämpfen ist kein mutiges Verhalten, und es rächt sich, diesen leichten Weg einzuschlagen. Man wird schwächer statt stärker.

Ein mutiger Mensch ist nicht jemand, der keine Angst hat. **Ein mutiger Mensch stellt sich seiner Angst.** Das benötigt viel und langes Training. Es ist wie bei einer Treppe mit sehr hohen Stufen. Hat man eine Stufe erklommen, kann man nicht ausruhen, man muss die nächste hochklettern.

Auch wenn es schwer fällt, geben Sie nicht auf! Man verliert nicht plötzlich die ganze Angst auf einmal. Es geht Stufe um Stufe, Schritt für Schritt. Weitermachen heißt Kraftzuwachs, aufgeben heißt Kraftverlust.

Eine ältere Dame wohnte in einem Haus am Hang mit vielen Treppen. Auch der Garten war steil und terrassenförmig angelegt. Um all die Arbeit bewältigen zu können, ging sie ins Krafttraining, fuhr Fahrrad, kurz: Sie hielt sich fit. Auf Anraten ihrer Familie verkaufte sie mit 75 Jahren das Haus und nahm sich eine Wohnung mit Lift in der Stadt. Nun brauchte sie nicht mehr zu trainieren, alles war einfach und nicht mit körperlichen Anstrengungen verbunden. Nach zwei Jahren ging sie am Stock, nach drei Jahren war sie im Rollstuhl und vor ein paar Tagen ist sie ins Altersheim umgezogen.

Zehnte Übung:

Üben Sie täglich. Nehmen Sie Ihr Heft und notieren Sie, wovor Sie Angst haben. Vielleicht kommt einiges zusammen. Beginnen Sie nicht mit den schlimmsten Ängsten, sondern mit denen, die Ihnen weniger Herzklopfen verursachen. Wenn Sie Angst vor Tunneln haben, beginnen Sie nicht gleich mit dem Gotthardtunnel, sondern mit Unterführungen, vielleicht zunächst zu Fuß, dann steigern Sie.

Haben Sie Angst vor Menschen, sammeln Sie Gesprächsthemen. Notieren Sie diese in Ihrem Übungsheft. Bereiten Sie sich vor, indem Sie sich diese Themen immer wieder vorsprechen.

Ein gutes Rezept sich selbst zu ermutigen, besteht darin, andere zu ermutigen.

Hören Sie den anderen wirklich zu, interessieren Sie sich für sie und antworten Sie entsprechend! Zeigen Sie Bestätigung, Enthusiasmus, lassen Sie sich begeistern! (Bleiben Sie jedoch immer bei der Wahrheit – keine Lobhudeleien.)

Hier einige Vorschläge für Worte und Sätze, die Sie zur Ermutigung der anderen verwenden können:

- „Das ist der Lohn für deine Mühe."
- „Das zeigt, dass du darüber nachgedacht hast."
- „Eine gute Arbeit!"
- „Das ist freundlich von dir."
- „Ich denke, du solltest wirklich da weitermachen!"
- „Mir gefällt deine Art zu erklären."
- „Du hast eine angenehme Stimme."
- „Ich bin froh, dass du meine Tochter (Sohn, Frau, Mann, Mitarbeiter etc.) bist."
- „Das hast du jetzt schon viel besser gemacht."
- „Ich bin froh, dass du mit uns gekommen bist!"
- „Da hast du dich aber sehr angestrengt."
- „Das hast du gut gesagt!"
- „Zeig mir bitte, wie du das gemacht hast."
- „Das hast du schnell verstanden."
- „Ich habe Respekt vor dir."

Wenn Sie jemanden ermutigen, dann loben Sie, was er tut, nie, was er ist.

Ein Beispiel: „Du bist ein guter Schüler" setzt den so Gelobten unter Erfolgsdruck, denn er kann unmöglich immer ein guter Schüler sein.

Sie ermutigen, wenn Sie eine Handlung loben oder die Anstrengung und das Mitmachen; vergessen Sie nie, Handlung und Handelnden zu unterscheiden.

Ermutigend wirken Sie auf Ihre Mitmenschen auch dadurch, dass Sie nicht alles tierisch ernst nehmen, sondern nach den humorvollen Seiten suchen. Lachen ist die beste Ermutigung.

Mein Beruf als Psychotherapeutin ist für mich selbst immer sehr ermutigend. Denn dadurch, dass ich andere ermutige, trainiere ich mich selbst, mutiger zu sein.

34.

Disziplin

Ich wünschte so sehr, ich hätte sie selber.

Trotzdem, ohne Disziplin kommen Sie nicht zum Ziel. Disziplin ist hart. Sich aus einer Depression herausarbeiten ist hart. In der Depression bleiben ist härter.

Sein Denken ändern, die Übungen wirklich durchführen, das erfordert Disziplin. Man muss sich anstrengen, die eigene Bequemlichkeit an den Nagel hängen, darf der Müdigkeit nicht nachgeben, sollte der Lustlosigkeit keine Beachtung schenken.

Kurz: Man muss gerade das tun, was man am allerliebsten und am allermeisten vermeiden möchte!

Für mich heißt das z.B. Büroarbeit erledigen, täglich die Post öffnen und beantworten. Meine bevorzugte Lösung ist aber die „Schiebetechnik“: hoffen, dass sich die Dinge von selbst erledigen. Dieses Glück ist mir bis jetzt ganze zwei Mal widerfahren. Wäre ich diszipliniert, wie viel Kraft würde ich sparen und noch dazu gewinnen durch die Befriedigung, die sich nach getaner Arbeit einstellt.

Jedes Mal, wenn man das Notwendige tut, kostet es zwar Kraft, aber danach ist man zufriedener und fühlt sich mutiger.

Jedes Mal, wenn man das Notwendige nicht tut, kostet es noch mehr Kraft, und man rutscht auf der Entmutigungsspirale nach unten.

Meine Patienten sagen mir oft, „Sie haben halt Kraft“ oder „Sie sind ein starker Mensch“. Eben nicht. Deshalb kann ich mir nicht erlauben, in einer Depression zu versinken. Dazu reicht meine Kraft nicht – ich wäre schon lange kaputt. Denn was ich am meisten fürchte, ist, teelöffelweise zu verbluten. Die Post mittels „Schiebetechnik“ (nicht) zu erledigen, ist relativ ungefährlich. Aber jeden Tag unglücklich zu sein, ist tödlich. Das will ich um jeden Preis vermeiden. Wenn Sie sich entschließen, etwas zu tun, weil Sie überzeugt sind, es ist lebenswichtig, dann tun Sie es, koste es, was es wolle. Sie sind motiviert, das zu tun, was Sie am liebsten vermeiden möchten, Sie haben Disziplin.

Niemand ist verpflichtet, Disziplin zu halten, niemand kann dazu gezwungen werden. Aber man kann sich dafür entscheiden. Es ist wie beim Rangieren auf einem Güterbahnhof: Die Rangierarbeiter müssen den Waggon anstoßen. Dazu braucht es sehr viel Kraft. Aber plötzlich fährt der Waggon ganz alleine und die Arbeiter können sogar aufspringen und mitfahren.

Elfte Übung:

Wenn Sie „nur“ wollen, wird es nicht funktionieren. Warum? Sie setzen sich selbst unter Zwang. Niemand kann und soll Sie zwingen können, auch Sie selbst nicht. Wenn Sie etwas ändern, müssen Sie sich bewusst dazu *entschieden* haben. Aber ich z.B. mit meiner Posterledigung habe mich bis jetzt keinesfalls wirklich entschieden, die „Schiebetechnik“ aufzugeben.

Erinnern Sie sich: „Wenn du wissen willst, was du wirklich willst, schau, was du tust."

Nur ich weiß, dass ich es *kann* (auch wenn ich es nicht will). Deshalb schreiben Sie und ich auf unsere Klebezettel:

Ich will nicht

und

Ich muss nicht.

Ich kann.

Damit verpflichten wir uns zu nichts. Also kleben wir die neuen Zettel auf. Denken wir daran: Wir haben die Freiheit, zu entscheiden. Wir wissen jetzt, wir können, aber niemand kann uns zwingen, es auch zu tun. Wir brauchen uns nicht zu bewegen, aber wir können es.

35.

Was kann ich tun?[12]

Ich darf Fehler machen.
Ich kann aber auch lernen, aus großen Fehlern kleinere zu machen.
Aber eines darf ich nicht: mich wegen meiner Fehler schuldig oder minderwertig fühlen.

Ich darf Negatives sehen.
Ich kann ihm aber auch eine positive Seite abgewinnen.
Aber eines darf ich nicht: das Positive nicht sehen wollen.

Ich darf auch einmal etwas Schlechtes tun.
Ich kann auch meine schlechten Taten zugeben.
Aber eines darf ich nicht: meine Fehler verbergen wollen.

Ich darf über das Gute, das ich getan habe, sprechen.
Ich kann auch darüber schweigen.
Aber eines darf ich nicht: mich meiner guten Taten rühmen.

Ich darf mich von so genannten Tatsachen beeindrucken lassen.
Ich kann auch lernen, dass es mehr darauf ankommt, was ich aus diesen Tatsachen mache.
Aber eines darf ich nicht: mich von Tatsachen bestimmen lassen.

Ich darf Angst haben.
Ich kann aber auch das Ziel meiner Angst erkennen.
Aber eines darf ich nicht: mich durch die Angst von meinen Lebensaufgaben abhalten lassen.

Ich darf mich um Sicherheit bemühen.
Ich kann lernen, vorsichtig – nicht ängstlich! – zu sein.
Aber eines darf ich nicht: glauben, Sicherheit sei eine Lebensaufgabe.

36.

Der Neubeginn

Er kann auch eine Falle sein.

Ein Bekannter von mir, ein allerdings viel jüngerer und relativ sportlicher Mann, begann Ski zu fahren. Er kaufte sich eine teure Ausrüstung, nahm ein paar Stunden Unterricht und stellte am Ende der Ferien fest, dass dies ein recht teurer Sport sei und er ihn nur im Winter ausüben könne. Also beschloss er, doch lieber Tennis zu spielen. Er erwarb sich wiederum eine vollständige Ausrüstung: zwei erstklassige Rackets, Superschuhe, Designerkleidung und nahm Tennisstunden. Der Lehrer fand, er habe Talent. Nach einem Dreivierteljahr fand er, es gehe zu langsam voran, und kaufte sich ein Mountainbike. Seine Bekannten schließen Wetten ab, wie lange er diesmal durchhält.

Churchill sollte einmal eine Rede halten. Er sagte nur drei Worte: „Never, never give up." („Gib nie, nie auf.")

Diese „falschen" Neubeginne sind im Grunde genommen nichts anderes als eine Flucht vor den auftauchenden Schwierigkeiten. Schwierigkeiten sind aber leider nie und nirgends zu umgehen. Alles Neue scheint voller aufregender Möglichkeiten und Hoffnungen. Noch sieht man ja die Schwierigkeiten nicht, noch ist man überzeugt, man werde es diesmal packen. Leider wird auch der neue Weg seine Tücken haben, leider wird auch hier erneut die Mutlosigkeit lauern. Die einfachste Lösung ist in diesem Moment ein Neubeginn.

Diese Lebenshaltung trifft man häufig bei Studien- oder Berufswechsel oder in der Ehe. Die mutige Lösung wäre, die Probleme direkt anzusehen, sich ihnen zu stellen.

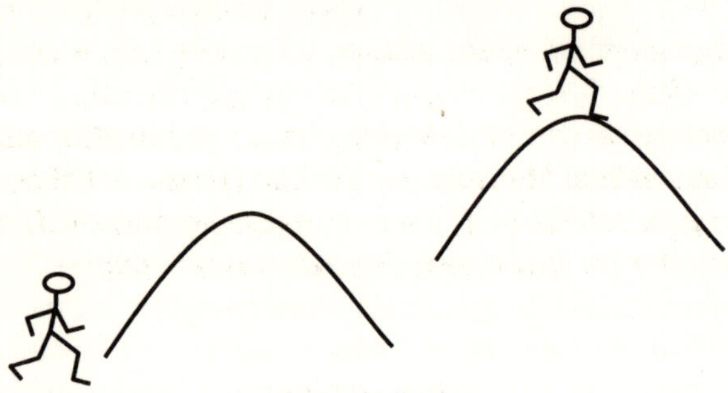

Es war mühsam, aber man hat hier die gesamte Übersicht!

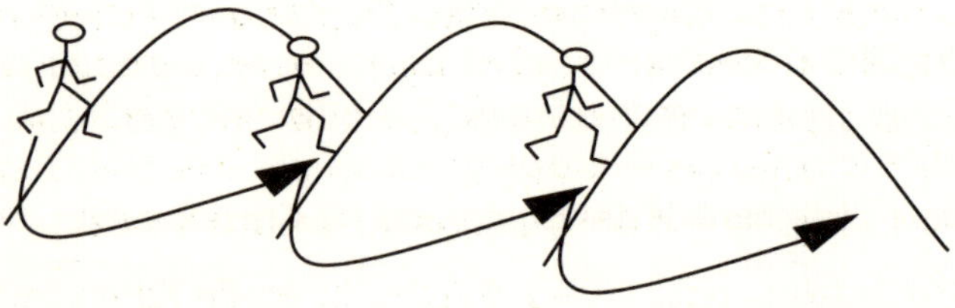

Dieser Mensch wird immer Ausschau halten nach einem besseren oder dem „richtigen“ Berg. Er wird immer im dunklen Tal wandern und nie zu einer Aussicht kommen.

Natürlich kann ein Neubeginn auch von Mut zeugen.

Wenn man sich zu einem Neubeginn entschließt, dann sollte das aus Mut und nicht aus Angst geschehen. Die wichtige Frage ist deshalb immer: **Was ist das Motiv? Mut oder Angst?**

Als mein Vater nach einer langen und sehr erfüllten Ehe starb, beschloss meine Mutter, ein neues Leben anzufangen. Nicht, dass sie meinen Vater vergessen hätte, aber sie suchte ihn nicht auf dem Friedhof und baute ihm auch in Gedanken kein Mausoleum. Sie fand ein neues Lebensziel. Es war ein Neubeginn, aus einem mutigen Entschluss geboren, der ihr und vielen anderen Segen brachte.

Rückschläge

In der Biographie jedes erfolgreichen Menschen gibt es Rückschläge zu verzeichnen.

Aber: Es gibt keine Fehler, Versagen oder Niederlagen, nur Lektionen mit unterschiedlichen Erfahrungen. Lernen und Wachstum sind nur möglich durch Versuch und Irrtum, durch experimentelles Handeln. Das misslungene Experiment ist ein genauso wichtiger Teil des persönlichen Wachstumsprozesses wie das Experiment, das funktioniert.

Wer aufgibt, gerät in eine Spirale, die in die Entmutigung führt.

- „Ich bin nichts wert."
- „Du bist auch nichts wert."
- „Die Welt ist beschissen."
- „Wir können nichts ändern."

Andererseits wird nur derjenige sich zu einer Persönlichkeit entwickeln, der beharrlich durchhält. Ein berühmter Fußballspieler aus einer Nationalmannschaft war bekannt dafür, dass er die meisten Tore geschossen hatte. Allerdings war er auch derjenige, der das Tor am häufigsten verfehlt hatte

Eine Taube wechselte ständig ihr Nest. Der scharfe Geruch, den die Nester im Laufe der Zeit entwickelten, war für sie unerträglich. Darüber beklagte sie sich bitter bei einer weisen, alten und erfahrenen Taube. Diese nickte mehrmals mit dem Kopf und sagte: „Durch den ständigen Wechsel der Nester änderst du nichts. Der Geruch, der dich stört, kommt nicht von den Nestern, sondern von dir selbst."

37.

Schuldgefühle II

Schuldgefühle sind unangenehm. Gerade die feinfühligen, sensiblen und empfindlichen Menschen leiden darunter.

Schuldgefühle befallen einen aber nicht grundlos. Sie haben einen Zweck, ein verborgenes Ziel.

Ein gutes Gewissen ist ein gutes Ruhekissen – ein schlechtes eventuell auch …

Schuldgefühle sind nicht nur Ansprüche, die man nicht erfüllen kann, sie sind auch gute Vorsätze, die man nicht erfüllen will. (R. Dreikurs)

Sie haben zwei Facetten oder Seiten, die man nicht übersehen darf:

Erstes Ziel: Man steht vor den anderen besser da, man gewinnt Ansehen.

Ein Beispiel: Zwei Taschendiebe „arbeiten" im Zürcher Hauptbahnhof. Beide werden auf frischer Tat ertappt.

Vor Gericht bedauert der Erste sein Vergehen. Wie konnte er nur auf diesen schlechten Weg geraten. Sein Leben lang würden die Schuldgefühle an ihm nagen. Es tue ihm ja so Leid, wenn er das nur wieder gutmachen könnte. Das Gericht war beeindruckt: Er erhielt zwei Monate auf Bewährung.

Der zweite Taschendieb stellt klar: Er sei sehr geschickt in seinem Beruf. Leider habe er sich erwischen lassen. Das nächste Mal würde er besser aufpassen. Das war zwar ehrlich, aber niemand war erschüttert oder empfand auch nur einen Hauch von Mitleid. Er erhielt sechs Monate ohne Bewährung.

Natürlich sind unsere beiden Freunde auch heute noch in der Branche tätig – vielleicht nicht mehr im Zürcher Hauptbahnhof.

Zweites Ziel: Man steht vor sich selbst besser da.

Beispiel: Man hat endlich die sinnlosen Besuche bei der streitsüchtigen Mutter im Altersheim aufgegeben. Dafür hat man jetzt ein schlechtes Gewissen. Gedanken macht man sich also schon, man ist nicht gleichgültig. Man hat zumindest Schuldgefühle.

Es ist oft nicht einfach, klar zu sehen: Wenn du wissen willst, was du wirklich willst, schau, was du tust. – Aber dann tu es ganz und steh voll dahinter.

Es ist wichtiger, sich selbst nicht anzulügen, als den anderen die Wahrheit zu sagen.

Ehrlichkeit vor sich selbst ist wichtiger als vor den anderen.

Wenn man sich selbst belügt, tut man dies nicht bewusst. Noch so kleine Unwahrheiten, die man sich selbst vorgaukelt, sind ungesund für den Geist. Geistige Krankheiten sind geistig. Lügen, die man gegen sich selbst einsetzt, und sind sie auch noch so klein, sind Pflastersteine, mit denen man sich den Weg in die Depression pflastert.

Also: Wahrhaftigkeit ist gefragt.

38.

Die fehlerhafte Lebenseinstellung[13]

Eine fehlerhafte Lebenseinstellung tritt dann auf, wenn ein Mensch nicht imstande ist, seine Lebensaufgabe sachlich zu lösen. Entweder er drückt sich unter irgendeinem Vorwand davor oder er ist so sehr auf seinen Erfolg bedacht, dass ihn das vollkommen von seinen eigentlichen Aufgaben ablenkt.

Wie das gemeint ist, wird die unten stehende Skizze veranschaulichen.

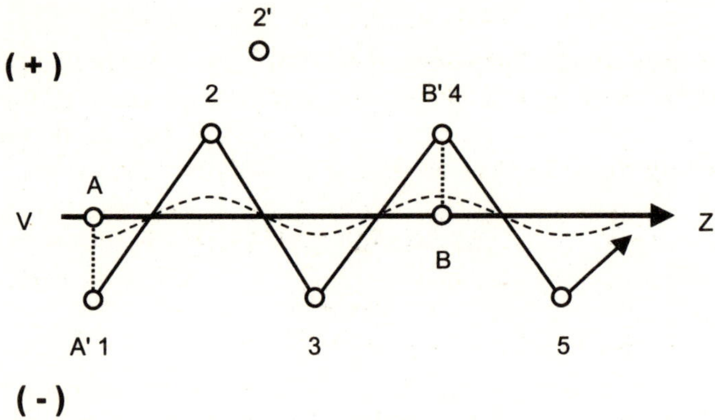

Die gerade Mittellinie V (Vergangenheit) bis Z (Zukunft, Ziel) stellt die Lebenslinie, die Bewegungsrichtung eines „idealen“ Menschen dar. Der Raum über der Mittellinie, mit (+) bezeichnet, stellt die Überlegenheit dar, der Raum darunter, mit (-) bezeichnet, die Unterlegenheit.

Wir nehmen an, dass bei Punkt 1 ein Mensch stehe, der ein Gefühl des Ungenügens, der Minderwertigkeit hat. Er wird sicher nicht an diesem Punkt bleiben wollen, sondern anstreben, sich ein Gefühl der Überlegenheit zu verschaffen. Er wird sich aber nicht damit begnügen, auf die Mittellinie zu kommen, sondern er wird genau so hoch ins Plus kommen wollen, wie er vorher im Minus war. Man nennt das Überkompensieren. Hat er sich nun das Gefühl der Überlegenheit verschafft, würde er selbstverständlich gerne auf dieser Höhe weitermarschieren nach Z. Das wird ihm aber nicht gelingen, weil er es gewohnt ist, sich mit den anderen zu vergleichen (2?). Das wird ihm erneut ein Gefühl der Minderwertigkeit bringen, und er wird ins Minus, nämlich auf Punkt 3 abfallen. So wird sich nun dasselbe Spiel andauernd wiederholen.

Wenn wir nun den Weg abmessen, den der betreffende Mensch im Vergleich zum idealen Menschen zurückgelegt hat, um von A bis B bzw. A' bis B' zu kommen, ist dieser Weg viel länger. Er hat sich also im Vergleich zum idealen Menschen nur sehr wenig fortbewegt. Das heißt, er hat, um von A' bis B' zu kommen, mehr Energie aufgewendet, als wenn er sich auf der Geraden von A bis B bewegt hätte.

Wer sich nicht auf der horizontalen Linie der sachlichen Lösungen bewegt, sondern andauernd mit sich oder seinem Selbstwert beschäftigt ist, verbraucht eine Menge Energie, ohne eine Leistung hervorzubringen. Statt sich ganz auf die Lösung seiner Aufgabe zu konzentrieren, schielt er ständig auf die anderen und vergleicht sich mit ihnen. Er wird immer versuchen, ihnen in irgendeiner Art überlegen zu sein.

Der normale Mensch ist natürlich kein Idealfall und wird sich also in Erfüllung seiner Lebensaufgabe nicht stur auf der Geraden, sondern eher auf der gestrichelten Schlangenlinie bewegen.

Ein praktisches Beispiel zu dieser komplizierten, theoretischen Erklärung:

Stellen Sie sich vor, bei dem oben beschriebenen Menschen handle es sich um einen 12-jährigen Jungen, nennen wir ihn Fritz. Fritz wird oft von seinen Klassenkameraden gehänselt, denn er ist unter den Schlechtesten der Klasse. Er lernt ja auch nicht, er spielt lieber Fußball oder treibt sich mit dem Fahrrad herum. Eines Tages, nach einem Gespräch mit einem Mitschüler, beschließt Fritz zu lernen, denn er hat begonnen, sich wegen seiner schlechten Leistungen zu schämen. Er wird besser, die Klasse beginnt, ihn zu achten. Er beschließt, einer der Besten zu werden (er befindet sich auf Punkt 2). Nun hat er einmal Pech in einer Prüfungsarbeit und schreibt eine schlechte Note. Fritz ist schwer enttäuscht und entmutigt. Er fühlt sich zu nichts mehr fähig und fällt auf Punkt 3. Hier in der Unterlegenheitszone geht es ihm miserabel. Trotz seiner Bemühungen schafft er keine guten Noten mehr. Was tut er? Von jetzt an benutzt er bei jeder Prüfung einen Spickzettel, das heißt, er mogelt. Seine Leistungen sind nun ausgezeichnet, er erreicht Punkt 4. Leider erwischt ihn eines Tages ein Lehrer beim Abschreiben, und er fällt auf Punkt 5. Was wird er tun? Vielleicht wird er der Frechste der Klasse, das ist auch etwas.

Welchen Denkfehler hat Fritz gemacht? Er hat nur seinen Selbstwert erhöhen wollen. Dazu musste er ja irgendein Maß haben. Wenn jemand sein Gewicht wägen will, sagt er nicht: „Ich bin 100 Kilo schwer, welch eine schöne runde Zahl." Er vergleicht sein Gewicht mit den Normalgewichtigen, das heißt, mit dem Durchschnittsgewicht der anderen. Genau das tut jeder von uns, wir vergleichen uns – oft unbewusst – mit den anderen.

Hätte Fritz gelernt, weil er mehr wissen wollte, weil er interessiert war und nicht der Noten wegen, wäre ihm das oben Geschilderte nie passiert. Er hätte sich gesagt: „Ich mache alles so gut wie möglich und gebe mir die größte Mühe dabei. Besser als so gut wie möglich kann ich es ja nicht machen." In diesem Fall hätte er sich nicht um seinen Selbstwert kümmern müssen. Er wäre sachlich geblieben, das heißt, er hätte sich mit der Sache befasst. Die Noten wären für ihn insofern wichtig gewesen, als sie ihm angezeigt hätten, ob er richtig und genügend gelernt hatte, sie wären nicht mehr als eine Kontrolle gewesen.

Die fehlerhafte, nicht auf die Sache bezogene Lebenseinstellung haben wir leider alle, und wir müssen immer wieder dagegen ankämpfen.

Die bekannte Skifahrerin Maria Walliser hatte gerade ein längeres Leistungstief überwunden und wieder beste Resultate erreicht. Der Sportreporter fragte sie nach den Hintergründen. Ihre Antwort: „Ich wollte meine Freundin und Rivalin Figini überbieten. Sie war stärker in der Abfahrt, und ich gab mir alle Mühe, statt ihrer zu gewinnen. Leider wurden meine Resultate schlechter. Ich bin eine Technikerin, ich fahre technisch so gut ich kann. Die Figini rast hinunter. Also glaubte ich, meinen Stil ändern zu müssen, um ihre Fahrweise nachzuahmen. Es war eine Katastrophe! Schließlich begann ich zu überlegen: Mein Beruf ist Skifahren, und zwar so gut wie möglich. Zu siegen ist nicht mein Beruf. Also konzentrierte ich mich wieder auf das Skifahren – und es hat genützt."

39.

Verantwortung

Eigentlich sollte es heißen: Angst vor der Verantwortung.

Auch dies ist eine Facette der Depression. Allerdings ist diese Angst heutzutage im Allgemeinen sehr verbreitet. Man versteckt sich hinter Begriffen wie „Wirtschaft", „Politik", „Gesellschaft" usw., wie wenn es sich um Aufseher handeln würde – und das tut es auch. Je mehr man sich diesen Pseudoverantwortungsträgern verpflichtet, desto mehr verliert man seine persönliche Freiheit, ja seine Persönlichkeit überhaupt.

Nur wenn ich selbst Verantwortung übernehme, kann ich mich fragen:

„Was kann ich tun?"

Und es dann auch tun.

Etwas kann ich immer tun!

Je mehr Verantwortung ich übernehme, desto freier und je souveräner bin ich. Ich bestimme.

Je mehr Verantwortung ich anderen überlasse, desto ausgelieferter bin ich. Ich kapituliere.

Es muss also heißen: Ich kann es und ich tue es.

Zwölfte Übung:

Nehmen Sie alle Klebezettel von Spiegeln und Schränken, wo immer sie hingen, und schreiben Sie neue:

Ich kann und ich tue es.

Machen Sie sich klar: Wenn Sie einen Fehler machen, falsch denken oder handeln, können nur Sie allein es ändern.

Diese Möglichkeit verschenken Sie, wenn Sie von irgendetwas abhängig sind. Das Schicksal können Sie nicht ändern; aber was Sie daraus machen, ist Ihre persönliche Freiheit.

Sie wählen: Was wollen Sie sein? Herr oder Sklave?

Für eine Situation können Sie oft die Verantwortung nicht übernehmen. Aber für das, was Sie daraus machen, immer. Das ist nur *Ihre* Sache und *Ihre* Entscheidung. Das ist Ihre Freiheit.

Die Querschnittgelähmten in der Schweiz haben eine eigene Zeitschrift. Da liest man über die Schicksale der Verunglückten und wie sie wieder zu einem erfüllten Leben gefunden haben. Sie sind in den wenigsten Fällen (Spitzensportler ausgenommen) verantwortlich für ihr Schicksal. Aber ganz für das, was sie daraus machen.

Das ist bei jeder Krankheit so und letztendlich auch bei Depressionen. Medikamente helfen, aber eine endgültige Heilung bringen sie nicht. Sie müssen selbst Ihr Leben in die Hand nehmen, falls Ihnen ernsthaft an einer Heilung gelegen ist.

Wir waren zu Hause fünf Kinder. Vier von uns sind überzeugt, eine glückliche und schöne Kindheit gehabt zu haben. Der jüngste Bruder „leidet" heute noch unter seinem Vater, der vom unsrigen ganz verschieden gewesen sein muss. Das vergiftet sein Leben, und er hat nun auch zu uns Geschwistern ein hasserfülltes Verhältnis. Wie das auch immer gewesen sein mag, der Vater ist vor dreißig Jahren gestorben, und von uns ist mein Bruder nicht abhängig. Aber er macht sich dazu. Das ist seine Entscheidung und seine Verantwortung, und die Folgen trägt *er*. Solange er seine Verantwortung nicht wahrnehmen will, wird er nie frei werden.

40.

Richtige und falsche Gedanken

Falsch	Richtig
Jemand anderes oder das Schicksal ist verantwortlich.	Ich bin selbst verantwortlich (für Gedanke, Wort und Tat).
Ich will mich mit den Klagenden verbünden.	Ich werde mich den positiven und energischen Leuten anschließen.
Ich werde Bücher lesen und Musik hören, die meiner Hoffnungslosigkeit entsprechen.	Ich will Bücher lesen und Musik hören, die positive Gedanken fördern und mir Mut geben.
Ich hoffe, dass mir die guten Ideen morgen von selbst kommen.	Ich plane meine Ziele für morgen. So habe ich Grund, morgen gut aufzuwachen.
Morgen ist ein Tag wie jeder andere.	Morgen ist ein besonders guter Tag.
Ich ärgere mich über das ewig schlechte Wetter.	Wenn die Sonne mir nicht scheint, dann freue ich mich am Regen. Ich erledige Liegengebliebenes.

Statt zu sinnieren und zu klagen, handle ich!

41.

Frieden schließen

Sie müssen wissen: Eine Depression ist immer gegen jemanden gerichtet. Diese Tatsache ist nicht einfach zu akzeptieren. Einmal glaubte ich, die Ausnahme, die die Regel bestätigt, gefunden zu haben. Es handelte sich um eine allein stehende, schwer depressive Frau. Sie hatte sich von der Umwelt abgekapselt und lebte vereinsamt, ohne Kontakt mit anderen.

„Telefonieren Sie manchmal wenigstens mit jemandem?“, fragte ich sie. „Oh ja, täglich mit meiner Mutter. Sie glauben nicht, wie lästig das ist. Immer fragt sie mich nach meinem Befinden. Ich kann doch nicht lügen. Ich muss ihr die Wahrheit sagen, wie schlecht es mir geht, wie krank ich bin, wie ich leide. Dabei ist sie an allem schuld ...“ Nun hatte ich den Depressionspartner gefunden.

Eine der Facetten einer Depression ist Rache. Aber es ist eine Rache der Hilflosen, der Entmutigten. Der Depressive leidet, weil er sich von irgendjemandem beleidigt fühlt. Der andere hat ihm Leid zugefügt, zu Unrecht. Der Depressive kann sich nicht wehren, er kann nicht toben, er kann nicht schreien, er kann dem anderen keine Suppenschüssel an den Kopf werfen. Da würde er sich wirklich schlecht, ja primitiv vorkommen. Also *zeigt* er ihm, wie unglücklich er oder sie ihn gemacht hat/haben, wie sehr er leidet. Sein Leid steht ihm ins Gesicht geschrieben, schaut aus seinen matten, traurigen Augen. Menschen mit den stärksten physischen Schmerzen können diese oft sehr gut verbergen. Der Depressive kann bzw. will das nicht. Er hat ja wirklich kein Interesse daran, denn nur durch sein Leiden kann er vielleicht den anderen zur Besinnung bringen oder ihn unter Umständen auch unglücklich machen. Das ist die einzige Waffe, die ihm bleibt (glaubt er). Eigentlich ein Dolch, mit einem Tuch umwickelt – man sieht ihn nicht, aber zustechen tut er.

Das ist auch der Grund, warum die Angehörigen eines Depressiven so oft negative Gefühle ihm gegenüber haben, ja manchmal sogar Hass empfinden.

Es braucht viel Mut, um über seinen Schatten zu springen. Man hat Angst, dem anderen ausgeliefert zu sein, die einzige Waffe zu verlieren. Man fürchtet, auch den letzten Selbstwert einzubüßen, alles zu verlieren und ganz und gar bedeutungslos, zu einem Nichts zu werden.

Frieden schließen heißt aber nicht, sich demütigen lassen. Wenn Sie Frieden schließen wollen, darf es keine Sieger und keine Besiegten geben.

Wie kann das gehen?

Finden Sie zunächst Ihren „Depressionspartner“. Fragen Sie sich:

- „Zu wem hätte ich ein gutes Verhältnis, wenn ich keine Depression hätte?“
- „Von wem fühle ich mich missachtet?“
- „Von wem fühle ich mich zu wenig geliebt?“

- „Von wem fühle ich mich beleidigt, d.h. wer verhält sich so, dass es mir wehtut?“
- „Wem mache ich heimlich Vorwürfe?“

Um Frieden zu schließen, verabreden Sie ein Gespräch unter folgenden Bedingungen:

- Verabredung an einem Ort, wo man nicht gestört werden kann.
- Einräumen von genügend Zeit (mindestens eine bis maximal zwei Stunden).

Vermeiden Sie:

- zu langes Reden.
- Recht haben wollen (belehren), denn dies entspricht einem Machtkampf. Jeder will Recht haben und niemand lässt sich gerne belehren.
- die Kriegsmethoden: Angreifen (Vorwürfe) und Verteidigen (Rechtfertigen heißt Recht haben wollen).
- Reden über Drittpersonen (lenkt von Ihrem Problem ab).

Wie und über was Sie reden sollen:

- nur über Ihr Problem (nicht über das des Partners).
- über Ihre eigenen Gefühle, auch die negativen (z.B. „Ich habe das Gefühl, ich fühle mich, ich habe Angst, ich ärgere mich“ und nicht „du ärgerst mich“).
- Nein sagen können.
- freundlich, aber entschieden sein.

Unterscheiden Sie den Täter und die Tat:

- Verurteilen Sie die Tat und nicht den Täter.
- Sie dürfen die Tat hassen, aber nicht den Täter.
- Denken Sie an Viktor Frankl: Hassen macht krank. Deshalb: Schließen Sie Frieden!

Dazu noch eine spezielle Methode, um bei schwierigen Bedingungen ein offenes Gespräch zu erleichtern (z. B. zwischen Ehepartnern):

Stellen Sie zwei Stühle Rücken an Rücken auf. Sie dürfen sich nicht ansehen, auch nicht berühren. Sie dürfen beginnen. Sie reden während maximal 30 Minuten, aber mindestens 20 Minuten. Sie sagen alles, was Sie wollen. Bei dieser Übung sind auch Vorwürfe erlaubt. Wenn Ihnen nichts mehr einfällt, schweigen Sie, vielleicht kommt Ihnen doch noch etwas in den Sinn. Der Partner darf nicht antworten, solange Sie dran sind. Dann, wenn Sie geendet haben, antwortet der Partner. Er hat dieselbe Zeit zur Verfügung. Nachfolgend geht man auseinander ohne weitere Kommentare. Die Übung kann wiederholt werden – aber jetzt beginnt der Partner.

Es gibt auch Situationen, wo der Depressionspartner nicht erreichbar oder nicht gesprächswillig ist. Dann müssen Sie selbst mit diesem Umstand fertig werden, denn offenbar haben nur Sie ein Problem.

Hören Sie auf, über verschüttete Milch zu klagen, sie bleibt verschüttet. Denken Sie daran, dass, wenn Sie auch noch so viel hassen oder trauern, Sie den Depressionspartner nicht bestrafen: Sie erreichen ihn nicht.

Unterscheiden Sie Handlung und Handelnden.

Sie sollen ja weiter leben, und zwar gut. Sie sollen ein erfülltes Leben leben. Deshalb: Machen Sie Frieden. Sie brauchen Unrecht nicht zu verzeihen, aber hören Sie auf, daran zu denken. Beschäftigen Sie sich mit interessanteren Dingen.

Deshalb: Schließen Sie Frieden.

42.

Glück

Glück müsste man haben!

Dazu eine Geschichte aus China:

In einem chinesischen Dorf lebte ein armer Bauer allein mit seinem Sohn. Er besaß ein einziges Pferd. Eines Tages lief das Pferd weg. Da kamen die Nachbarn aus dem Dorf, um ihn zu bedauern und ihm ihr Mitgefühl auszusprechen: „Welch ein Unglück, ein einziges Pferd, und es läuft weg." – „Das Pferd ist weg, ist es ein Glück, ist es ein Unglück, wer weiß?", war die Antwort des Bauern.

Nach ein paar Wochen kam das Pferd zurück, nicht allein, es führte eine ganze Herde wilder Pferde mit sich. Jetzt war der Bauer reich. Wieder kamen die Leute aus dem Dorf, diesmal, um mit ihm zu feiern: „Welch ein Glück." – „Ist es Glück, ist es Unglück, wer weiß?", antwortete wiederum der Bauer.

Nun ritt der Sohn die wilden Pferde zu. Ein besonders trotziger Hengst warf ihn ab und er brach sich die Hüfte. Wieder kamen die Leute aus dem Dorf: „Welch ein schlimmes Unglück! Der einzige Sohn halb lahm!" – „Ist es Glück, ist es Unglück, wer weiß?", meinte der Bauer.

Kurz darauf kamen die Rebellen von den Bergen, um neue Krieger zu rekrutieren, und zwangen alle jungen Burschen aus dem Dorf mitzugehen. Nur der halb lahme Sohn des Bauern wurde zu Hause zurückgelassen. Wieder kamen die Leute aus dem Dorf und riefen schon von weitem: „Welch Glück, welch ungeheures Glück für dich. Dein Sohn ist der einzige, der zu Hause bleiben konnte!" – „Ist es Glück, ist es Unglück, wer weiß?"

So kann man die Geschichte ewig weiterspinnen: Was ist Glück, was ist Unglück, wer weiß?

Jedenfalls ist Glück kein Dauerzustand, es ist kein Ziel und auch keine Lebensaufgabe. Es sind Augenblicke.

Sicher gibt es Glücksquellen, aber man muss sie finden, und dies ist oft mit erheblichen Anstrengungen verbunden.

Der bekannte österreichische Skifahrer Girardelli startete für Luxemburg, weil die Österreicher nicht bereit waren, ihn zu fördern. Schon da hatte er sich selbst eine Lösung gesucht. Er wurde dann einmal gefragt, welches die glücklichsten Augenblicke für ihn wären. Jeder erwartete: „den Siegercup in Händen zu halten" oder etwas Ähnliches. Die Antwort lautete jedoch ganz anders, nämlich: „Wenn ich mich nach der letzten anstrengenden Trainingsabfahrt, nachdem ich das Letzte aus mir herausgeholt habe, erschöpft in den Schnee werfe, dann erfüllt mich ein ungeheures, großes Glücksgefühl."

Der Mensch will bis an die Grenzen seiner Möglichkeiten kommen. Das erfüllt ihn mit einem Glücksgefühl.

Eine andere, ganz wichtige Glücksquelle ist die Dankbarkeit. Am besten schreiben Sie sich alles auf, wofür Sie dankbar sind – dafür haben Sie Ihr Heft. Das gibt ein Polster für schlechte Tage. Auch bei ganz tragischen Fällen kann man oft in Dankbarkeit an die schöne Zeit zurückdenken, die man zum Beispiel mit einem Menschen verbracht hat, auch wenn man ihn inzwischen verloren hat. Man wird ruhiger, und wenn auch der Himmel nicht mehr strahlend blau, sondern verhangen ist, kann er immer noch schön sein.

Nicht vergessen sollte man auch die Blumen am Wegrand, die kleinen erfreulichen Dinge des Alltags. Man findet sie täglich und überall und kann sich an ihnen freuen. Die Kleinigkeiten sehen und schätzen, statt auf das große Glück zu warten – das bringt Kraft und Zuversicht. Üben Sie, den blühenden Apfelbaum wahrzunehmen. Freuen Sie sich über Ihr gemütlich geheiztes Zimmer an einem regnerischen und trüben Novembertag. Freuen Sie sich auf Weihnachten, auch wenn Sie allein sind. Hören Sie Musik, lesen Sie ein gutes Buch. Machen Sie jemandem eine Freude.

Dreizehnte Übung:

Nehmen Sie Ihr Heft zur Hand und notieren Sie täglich alle Blumen am Wegrand.

43.

Achmed und der Mullah, oder: Wie Wünsche sich verändern können

Achmed lebte mit seiner schwangeren Frau und seinen drei Kindern in einer Hütte. Er besaß einen Esel, eine Ziege, sechs Hühner und einen Gockel. Die Hütte, die er und seine Familie bewohnten, bestand aus einem einzigen Raum und der Veranda, auf der gekocht wurde. Achmed fühlte sich sehr beengt, und jetzt, da noch ein weiteres Kind hinzukommen sollte, wünschte er sich dringend eine größere, komfortablere Wohnung.

Achmed ging zum Mullah und bat ihn um Hilfe. „Ich kann dir schon helfen", sagte der Mullah, „aber du musst mir versprechen, dass du auch tust, was ich sage." Achmed versprach dies hoch und heilig. „Also, geh nach Hause und nimm heute Abend die Hühner und den Gockel zu dir in die Hütte und komm wieder in einem Monat." Achmed erschrak, aber er hatte Gehorsam gelobt. Also ging er rasch heim und sperrte Hühner und Gockel in seine Hütte. Tagsüber war die Tür offen, aber die Nächte waren fürchterlich. Die Hühner flatterten herum, der Gockel krähte frühmorgens, und täglich musste Achmed den Hühnermist aus der Hütte putzen.

Nach einem Monat ging Achmed wie abgemacht zum Mullah. „Nun, wie geht es dir?", fragte ihn dieser. „Schlimm, es ist kaum auszuhalten mit dem Federvieh in der Hütte." „Gut", sagte der Mullah, „aber denk daran, ich kann dir nur helfen, wenn du auch wirklich tust, was ich dir auftrage. Geh zurück und nimm von jetzt an auch den Esel in deine Hütte." Achmed schluckte dreimal trocken, aber versprochen ist versprochen. Also ging er nach Hause und sperrte abends zu den Hühnern auch noch den Esel in die Hütte. Das war entsetzlich. Als Achmed nach einem weiteren Monat beim Mullah erschien, war er abgemagert und nervös. Er hatte kaum schlafen können im vergangenen Monat und beklagte sich bitterlich beim Mullah.

„Ich helfe dir", sagte der Mullah, „nimm auch noch den Ziegenbock in die Hütte." Diesmal dauerte es nur acht Tage, bis Achmed wieder vor dem Mullah stand. „Es ist schauderhaft!", rief er, „meine Frau hat das vierte Kind geboren. Nur das Baby kann noch schlafen; das gackert, iaht und meckert die ganze Nacht hindurch. Wir haben überhaupt keinen Platz, aber das Schlimmste ist der Gestank. Keinen Tag halte ich das mehr aus." – „So geh nach Hause und treibe alle Tiere aus der Hütte", sagte der Mullah.

Nach einer Woche war Achmed wieder beim Mullah. Er brachte ihm einen großen Korb Eier mit. „Oh wie danke ich dir, weiser Mullah. Du hast keine Ahnung, wie schön und sauber meine Hütte ist und wie viel Platz wir alle haben."

44.

Das Leben, ein Rosengarten?

„Ich hab dir nie einen Rosengarten versprochen."

Das ist ein Liedtext, aber auch der Titel eines Buches[14], geschrieben von einer ehemaligen Schizophrenen, deren Heilung letztlich auf der Erkenntnis beruhte: Die Welt ist nicht gerecht, und die Gnade triumphiert nicht (vgl. dazu auch Kap. 28).

Das Leben wird uns immer wieder hart anpacken. Wie oft bekommen wir eins auf die Nase? Und wie oft ist es ungerecht, wir haben es nicht verdient, wir haben uns doch so angestrengt.

Die Härten und Ungerechtigkeiten des Lebens akzeptieren zu lernen ist eine Lebensaufgabe.

Viele Menschen haben mir als Lebensziel das „Genießen" angegeben. Lebensgenuss pur ist aber leider eine Unmöglichkeit und daher kein realistisches Ziel. Denn alles hat seinen Preis. Nichts ist gratis.

Aber nicht auf die unabänderlichen Situationen kommt es an (sie sind ein stabiler Faktor in der Lebensrechnung), sondern darauf, was Sie daraus machen (das ist der variable Faktor).

Ja, das Leben *ist* ungerecht. Trotzdem ist es auch immer wieder schön. Wir wüssten nicht, was Freude ist, wenn wir sie nicht vor dem Hintergrund des Leidens erleben würden.

Not lehrt beten. Leider wird keiner durch Glück und Wohlstand aufgerüttelt. Nur wenn es uns schlecht geht, beginnen wir nachzudenken. Statt „entmutigter Rückzug“ sollte die Devise lauten: „hinaus ins Unwetter“.

Konrad Adenauer hat einmal gesagt: „Fallen ist keine Sünde, aber liegen bleiben ist eine!“

45.

Wie ich mich fühlen soll

Ich soll das Gefühl haben,

- wertvoll zu sein,
- ersetzbar, aber nicht austauschbar zu sein,
- gebraucht zu werden,
- gut zu handeln,
- ein Kamerad und wahrer Freund zu sein.

46.

Anstelle eines Schlusswortes

Nun bin ich am Ende meines Lateins. Alles, was ich hatte, versuchte ich, Ihnen zu übermitteln. Seien wir ehrlich – ein Patentrezept konnte ich Ihnen nicht nennen. So gesehen stehe ich mit leeren Händen vor Ihnen. Ich konnte und kann Ihnen keine Operation, keine wirklich potenten Medikamente anbieten.

Alles, was Sie getan und erreicht haben, kommt von Ihnen. Sie haben entschieden. Sie kämpfen. Sie schaffen es. Sie gewinnen. Es ist Ihr Werk. Es ist Ihre Tat.

Wenn wieder schwere Tage kommen – und die gehören zum Leben –, dann rufen Sie sich in Erinnerung:

„Ich vertraue auf meine Kraft, ich vertraue auf meine Stärken. Ich vertraue auf mich. Ich *weiß*, dass ich es schaffen werde – immer."

Zum Abschied eine kleine Geschichte – ich würde sie die Quintessenz der Psychologie nennen:

Dem Kaiser von China wurde ein wunderbares Glockenspiel geschenkt. Es war herrlich geschnitzt und von so feinem Klang, dass der entzückte Kaiser unbedingt den Künstler kennen lernen wollte.

Es war schwierig, ihn zu finden. Aber schließlich wurde er beim Kaiser angemeldet. Dieser war sehr erstaunt, als ein kleiner, alter Mann bei ihm eintrat und sich verbeugte. „Wie ist es möglich, dass du, ein so kleiner und bescheidener Handwerker, ein so großer Künstler bist? Wie hast du dieses Meisterwerk zustande gebracht?"

„Das war ganz einfach, großer Kaiser", antwortete der Mann, „den ersten Tag brauchte ich dazu, das viele Geld zu vergessen, das ich verdienen würde. Den zweiten Tag brauchte ich, um den Ruhm zu vergessen. Und am dritten Tag ging ich in den Wald und fällte den Baum für das Holz, das ich brauchte. Dann brauchte ich das Glockenspiel nur noch herauszunehmen."

Anhang

Pendelscheibe

(Beilage zu Kapitel 23 – Die Wirkung der Gedanken)

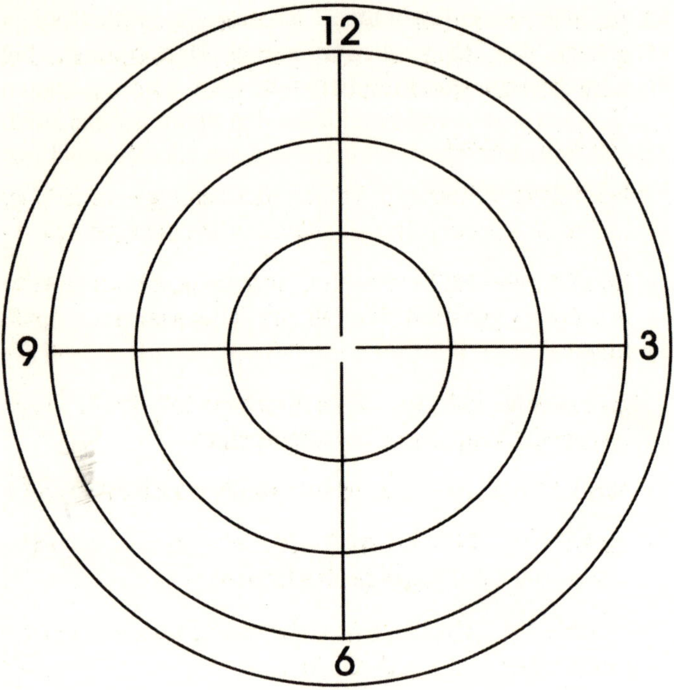

Anmerkungen

[1] Nossrat Peseschkian: Wenn du willst, was du noch nie gehabt hast, dann tu, was du noch nie getan hast. Freiburg (Herder Spektrum 5201), 7. Aufl. 2004, S. 14 f.

[2] Nach A. T. Beck.

[3] Nach Janusz Pasztorfi: Erhalte dich selber gesund, Wiesbaden (Pro-Inform-Verlag) 1982, S. 161 (vergriffen).

[4] Coué, Émile, 1857–1926, frz. Apotheker, entwickelte ein auf Autosuggestion beruhendes Heilverfahren *(Couéismus)*.

[5] Es handelte sich um Viktor Frankl (1905–1997), österr. Psychiater, Begründer der Logotherapie.

[6] Nach J. Pasztorfi, „Erhalte dich selber gesund“, a. a. O.

[7] Epiktet, griechischer Philosoph. Er forderte Genügsamkeit und Unabhängigkeit des Geistes.

[8] Nossrat Peseschkian, Wenn du willst, was du noch nie gehabt hast …, a. a. O., S. 65 f.

[9] Nach Albert Ellis, dem Begründer der rational-emotiven Therapie.

[10] Rudolf Dreikurs, zitiert nach: Janet Terner/L. Pew Wilmer: The Courage to Be Imperfect. The Life and Work of Rudolf Dreikurs, New York (Hawthorne Books) 1978.

[11] Niccolò Machiavelli (1469–1527), italien. Schriftsteller.

[12] Nach Erik Blumenthal.

[13] Nach Erik Blumenthal.

[14] Hannah Green: Ich hab dir nie einen Rosengarten versprochen, Reinbek bei Hamburg (Rowohlt), 4. Neuausgabe 2003.

Literatur

Beck, Aaron T./A. John Rush/Brian F. Shaw/Gary Emery: Kognitive Therapie der Depression, Weinheim (Beltz), 3. Aufl. 2004.

Blumenthal, Erik: Verstehen und verstanden werden. Die neue Art des Zusammenlebens, Neuss (Horizonte), 6. Aufl. 2002.

Ders.: Neue Wege zur inneren Freiheit, Neuss (Horizonte) 1996.

Ders.: Der hohen Jahre Ziel und Sinn: es ist nie zu spät, aber immer höchste Zeit, Luzern (Rex-Verlag) 1984 (vergriffen).

Ellis, Albert: Training der Gefühle. Wie Sie sich hartnäckig weigern, unglücklich zu sein, Landsberg am Lech (mvg) 1989 u.ö.

Frankl, Viktor: ... trotzdem ja zum Leben sagen. Ein Psychologe erlebt das Konzentrationslager, München (dtv), Neuaufl. 1998.

Green, Hannah: Ich hab dir nie einen Rosengarten versprochen, Reinbek bei Hamburg (Rowohlt), 4. Neuausgabe 2003.

Pasztorfi, Janusz: Erhalte dich selber gesund, Wiesbaden (Pro-Inform-Verlag) 1982 (vergriffen).

Peseschkian, Nossrat: Wenn du willst, was du noch nie gehabt hast, dann tu, was du noch nie getan hast. Verlag Herder (Herder Spektrum 5201), 7. Aufl. 2004, S. 14f.

Ders.: Der Kaufmann und der Papagei. Orientalische Geschichten als Medien in der Psychotherapie, Frankfurt a.M. (S. Fischer), 27. Aufl. 2003.
Terner, Janet/L. Pew Wilmer: The Courage to Be Imperfect. The Life and Work of Rudolf Dreikurs, New York (Hawthorne Books) 1978.

Werner Rautenberg / Rüdiger Rogoll
Werde, der du werden kannst
Persönlichkeitsentfaltung durch Transaktionsanalyse
Band 5155
Dieses Buch hilft, die eigene Lebensgeschichte zu entziffern und alle Möglichkeiten zur persönlichen Entfaltung zu nutzen.

Rüdiger Rogoll
Nimm dich, wie du bist
Mit sich selber einig werden
Band 5764
Rüdiger Rogoll gibt mit diesem Longseller nicht nur eine praxisorientierte Einführung in die TA, sondern vermittelt auch wertvolle Anregungen und Impulse für alle, die mit sich und anderen ins reine kommen wollen.

Arthur Samuels / Elisabeth Lukan
Im Einklang mit dem inneren Kind
Ein meditativer Weg zu sich selbst
Band 5086
Arthur Samuels Methode kombiniert Transaktionsanalyse mit Erfahrungen buddhistischer Meditationspraxis.

Ian Stewart / Vann Joines
Die Transaktionsanalyse
Eine Einführung
Band 5523
Das Standardwerk der Transaktionsanalyse.

Irmtraud Tarr
Loslassen – die Kunst, die vieles leichter macht
Band 5921
Wer wollte dies nicht, gelassener werden und die Leichtigkeit des Seins entdecken? Dieses Buch versammelt Anregungen, Hinweise und manch überraschende Einsicht in die hohe Kunst, sich das Leben zu erleichtern.

Verena Kast – Neue Lebensperspektiven

Trotz allem ICH
Gefühle des Selbstwerts und die Erfahrung von Identität
Band 5641
Wer bin ich eigentlich selbst? Wie sehen mich die anderen? Wer sich mit sich selbst im Einklang fühlt, hat ein gutes Selbstwertgefühl. Verena Kast macht deutlich, was uns eigentlich zusammenhält - als je eigene Persönlichkeit. Das Standardwerk der großen Psychologin.

Sich wandeln und sich neu entdecken
Band 5914
Leben heißt wachsen und sich entwickeln. Gerade in Krisen oder in Lebensübergängen eröffnen sich neue Wege der Wandlung und inneren Reifung, die Lebenskraft für sich und andere freisetzen können.

Aufbrechen und Vertrauen finden
Die kreative Kraft der Hoffnung
Band 5142
Gerade in Zeiten der Unsicherheiten und des Umbruchs brauchen wir die Hoffnung. Sie kann aktiviert werden und gibt die kreative Kraft, neu aufzubrechen.

Lass dich nicht leben – lebe!
Die eigenen Ressourcen schöpferisch nutzen
Band 5314
Authentisch sein: Verena Kast erschließt neue Dimensionen zu diesem Lebensthema. „Nach wie vor erfrischende Lebenshilfe" (ekz).

Abschied von der Opferrolle
Das eigene Leben leben
Band 5374
Erstarrte Positionen aufgeben, ein gutes Selbstwertgefühl entwickeln, das eigene Leben wirklich leben. Darum geht es.